Idea man

Ideaman

Idea man

一聽就懂的
重點表達術

不只秒懂，還能讓人自發行動的說明力

日本人氣時事評論員・說明力講師 **木暮太一**——著
簡琪婷——譯

大事なことを一瞬で説明できる本

推薦序

高效表達與說明，讓人生更快樂

當我拿到這本書的書稿，就迫不及待地一直往下唸下去，真的是太有意思的一本書，在閱讀過程當中不斷拍案。因為，很寫實！書中真實地記錄了生活與職場當中溝通表達的個案，如果你被溝通表達這件事情困擾已久，這本書會是很棒的「教戰手冊」。

書中談到了「說明」的步驟、公式、方法、思考，也讓我們深切體會你在說明某一件事時，能夠透過某些技術讓人清楚明白你在說什麼，那是多麼快樂的一件事。

木暮太一這位專門教授溝通表達的老師，著作很多，銷售量也很可觀。在現在這個出版市場不怎麼輝煌的時代，總銷量能夠突破一百三十五萬本，表示他的論述、他的內容、他的技巧，是符合現代人需要的，否則不可能影響這麼多人。

溝通表達在意的是「人」，作者花了很多的內容闡述換位思考的方法，以及提出溝通表達的「整理力」、「咀嚼力」，很耐人尋味，還提出「驅動他人的能力」到底有哪些？並在最後一個章節提出了文字的運用能力，也就是書寫的力量，可說是面面俱到的一本溝通書。當然，本書談的就是「影響他人的能力」。

我對木暮太一不算太陌生，早期他談到經濟學的一些概念，我就讀過他的著作。從他過去的著作中，我們可以發現他對許多事物提出「理解的方法」與「解決的方法」，他是個十分講究方法的人。他的方法總朝著「犀利簡潔、去蕪存菁」發展開來，值得我們學習。這本書看似是一本教會我們溝通表達的書，然而，卻是引導我們怎麼樣去思考溝通表達的書。怎麼樣讓溝通表達犀利簡潔、去蕪存菁？

在日本的出版市場，關於溝通表達的著作很多，一直覺得日文翻譯成中文，翻得好非常不容易。之所以喜歡這本書，還有一個原因，日本的生活與職場環境，和臺灣非常不同，但透過譯者與編者的用心，讓這本書的內容與用詞很貼近臺灣的需要。大大給個讚！

這本書的閱讀方式，並沒有次序的問題，你想看什麼，就看什麼，看到哪裡，就看到哪裡。尤其書中那些正面與反面的個案，當你願意反覆「咀嚼」，一定會體會更多，當你真正領略，就可以運用自如。甚至你可以先看個案，再看前面的論述與分析，應該會更有意思，就像是你看完電影，再看影評，會更理解，也更有感覺。

書中還有很多心理學的應用基礎，沒有艱深的理論，只有探究人心的步驟與方法，配上有趣的圖說，親和力十足。

自己從事口語訓練教育多年，在大學授課、在企業授課，創立的〈GAS口語魅力培訓〉課程影響了許多人，我們提出的概念和木暮太一的論點很接近，都是「以目標為導向的說話術」，讓別人清晰地了解你的目標，讓溝通表達更順暢。

期待這本書當中提到的理論與方法，能夠讓你更上層樓，不僅讓溝通表達更有效率，影響更多的人，也讓你更快樂。

銘傳大學助理教授／GAS口語魅力培訓®創辦人
王介安

推薦序

掌握淺顯易懂的原則，陪閱聽眾走過一段精神旅程

我們都曾聽過一句古諺「時間就是金錢」，但是在這個忙碌的資訊碎片化時代裡，注意力的重要性已遠超過時間和金錢，更儼然成為這個世界上極為稀有的貨幣。如果您想要順利從別人身上「賺取」這枚貨幣，就必須想方設法，練就一聽就懂的重點表達術。

身為一位企業顧問和職業講師，我常穿梭在兩岸三地的企業組織與大學校園，除了講授內容行銷與文案寫作的相關課程，我也會帶領學員們實際練習溝通表達的技術，從基本的設計簡報、撰寫提案與企劃書開始，然後深入寫作、演講甚至是表演的範疇。

由於教學的需求，自己在去年撰寫了一本談文案寫作的書《慢讀秒懂》，我也時常

逛書店，希望可以幫學員們物色合適的參考書籍。最近，很高興聽到商周即將在八月出版日本作家木暮太一的新書《一聽就懂的重點表達術：不只秒懂，還能讓人自發行動的說明力》。

我很認同木暮太一先生的觀點，溝通和說明誠然是一門科學。書上說有百分之八十一點四的日本人都自認不擅長說明，我相信臺灣的狀況可能也大同小異。有趣的是這本書不但會為大家介紹讓說明變得淺顯易懂的「公式」，作者更揚言只要學會這個公式，任誰都能把話說得讓人一聽就懂，即使自覺拙於溝通的人也不例外。

看到這一段話，更勾起了我的好奇心。馬上抽出時間，好整以暇地拜讀這本書。看完之後，發現彷彿找到了知音，原來我有很多的想法都和木暮太一先生十分相近！

舉例來說，您時常可以在捷運上頭看到大家在滑手機。但殘酷的是大家往往在眨眼瞬間就決定要不要看這篇文章或新聞，換句話說，如果文章標題或第一段內容不吸睛，可能就會被捨棄了……

所以，作者也提到在對外溝通、表達的時候，只要在最初的十五秒內讓對方感到興致勃勃，他們將願意再聽五分鐘。當然，如果能在短短的五分鐘內獲得對方的共鳴，就有機會延續這個對話。想要讓人願意聽我們說話，必須掌握「淺顯易懂」的原則。而所謂「淺顯易懂」，也就是要能夠讓對方迅速、順暢地理解自己想要說明的內容。

他還進一步指出，想要達到「淺顯易懂」的效果，就必須做到以下這三點：

一、讓對方以「當事人」自居。

二、整理自己想要表達的內容。

三、遣詞用字深入淺出，讓對方理解所要表達的內容。

看到這三點，我也不斷地對著電腦點頭。因為我自己就時常在寫作課上跟同學們提起，寫作的時候必須要有同理心，並且要能夠換位思考，從對方的角度和需求出發。

很多人曾經問過我，究竟要如何才能寫出一篇擲地有聲的好文章？其實，寫作就好比是陪讀者走過一段精神旅程。不少朋友會為了文筆不好而感到苦惱，其實寫作的重點絕對不是寫出妙筆生花的文章，而是得設法在字裡行間綜合反映出你全部的經歷、專業知識。換句話說，文案或文章的撰寫，其實就是運用內容的力量來幫助你將這些資訊進行加工，並以銷售產品或服務為前提，將它們傳達給目標受眾。

根據我這幾年的觀察，我發現很多朋友容易犯一個毛病，誤以為要堆砌華麗的辭藻，或是把各種厲害的數據、資料都放進文案之中才能夠打動人。其實，這樣做的意義並不大！若一味地把這些無謂的資訊推銷給消費者，一開始可能覺得有趣，但當大家看多了以後，感官也是會麻痺的，更別說想要透過商品文案來促進銷售了。

所以，我認為一篇通情達理且淺顯易懂的文章，往往可以拉近與讀者之間的距離，甚至協助卸下心防。但是，我們能否僅僅只靠幾行字就把東西賣翻天，主要還是得看產品本身的造化，甚至要考慮到天時、地利與人和等多重元素。

要知道，優質的產品若能搭配簡單明瞭的文字和獨特風格的標語，更可以相得益彰，營造出令人怦然心動的場景。如此一來，不但可以讓貴公司的品牌形象深入人心，更有助於提昇銷售業績。所以，理想的文章內容必須寫得淺顯易懂，讓廣大的讀者們可以一眼看懂我們想要表達的訴求，以及採取行動之後可以獲得的利益。而這一點，剛好和本書作者的想法不謀而合！

如果您自覺不擅長溝通、表達，卻因為工作或生活的關係很想要學好它，那麼，我很樂意向您推薦日本作家木暮太一的這本新書。當然，也很歡迎您有空來逛逛「內容駭客」網站（https://www.contenthacker.today/），期待與您多交流！

「內容駭客」網站創辦人
鄭緯筌

感謝各位閱讀本書。

說明有簡單的「公式」可循。

無論在什麼樣的場合，或是採用哪個公式，務必銘記在心的就是**落實「換位思考」**。

如此一來，你要表達的重點，才能「瞬間」完成說明。

話說得沒完沒了，文章寫得又臭又長的情形，全都到此為止吧！

本書採可依個人需要隨意翻閱的編輯方式，
即使從中途開始閱讀，也能理解內容。

接下來就進入主題吧！

前言

淺顯易懂的說明都具備「公式」

百分之八十一點四，大家知道這是什麼數字嗎？這是向一千名上班族提問：「你是否擅長說明？」結果回答「不擅長」的人數占比（數據來源：二〇一三年網路新聞平台News Mynavi會員調查）。換句話說，有高達八成以上的人，對於「說明」感到棘手。

從指導下屬、業務聯繫等公司內部的溝通，到跑業務、做簡報等與公司外部的交涉，在商務場合中，「說明」可謂家常便飯。下屬聽命辦事、開會時眾人豎耳傾聽、跑業務時客戶感到滿意……只要具備說明力，在各種商務場合中，事情都能順利、迅速地進行。

然而，說明的「好」與「壞」，很容易因人而異。

即使說明的內容相同，有些人說得讓人覺得「一聽就懂」，有些人則讓人感覺「似乎有聽沒有懂」，各位身邊是否存在這兩種人？

反之，明明自己卯足全力說明，對方卻滿臉疑惑，或是再次詢問說過的內容，造成自己心靈受創，大家是否有過這樣的經驗？

我開始思考「說明」這件事，是在我就讀國二時的數學課堂上。當時我突然冒出一個念頭：「其實數學一點都不難，是老師故意把它說明得很難吧？」

我就讀的中學有各式各樣的學生，有些人立志擠進明星高中的窄門，也有些人根本不來上課。於是我開始思考「如何讓翹課的同學也能理解這堂數學課的內容」，**結果接下來的二十多年，我不斷思考一個問題：「何謂一聽就懂的說明？」**

大學畢業後，我先後任職於富士軟片（Fujifilm）、賽博艾堅特（CyberAgent，日本網路公司，主要經營網路廣告業務）、瑞可利（Recruit，主要經營人力仲介業務）等三間公司，然後約於六年半前自立門戶。目前透過書籍著作和網路連載，針對如何說明自身想法以及如何驅動對方，公開傳授相關技巧。

此外，**我還擔任富士電視台資訊節目《Tokudane!》的時事評論員，專門負責以淺顯易懂的方式，說明時事問題。**

歷經如此漫長的時間，持續探究「說明」的結果，我領悟到一件事。

那就是所謂「說明」，並非仰賴天分，而是一門科學。

一提到磨練說明力，有些人會丟下一句：「口才好壞是與生俱來的天分。」便放棄磨練這項能力。

打個比方來說，如果聽到新聞工作者池上彰先生在電視中的說明，想必任誰都會覺得：「這個人說的話一聽就懂，太厲害了。」不過，大家千萬別認為這是因為池上先生天生口才好，所以他說的話才如此淺顯易懂。

說明是一門科學。**凡是難以理解的說明，個中必有原因，而且具有讓說明變得淺顯易懂的「公式」**。只要學會這個公式，任誰都能把話說得讓人一聽就懂，即使自覺拙於溝通的人也不例外。

事實上，根本就沒個性開朗就善於說明這回事。此外，聲量大小和態度，也無關說明好壞。

首先，請立刻拋開自認不擅說明的心態。

木暮太一

一聽就懂的重點表達術

目次

序章　說明無法得心應手，必定事出有因

第1章 說明以扣人心弦為要！

第2章 強化說明技巧的訣竅——「整理力」

第3章

靠說明讓對方心服口服的「咀嚼力」

第4章

以最簡短精練的說明，磨練「驅動他人的能力」

第5章

即使簡短，也要說明得精確無誤

序章

說明無法得心應手，必定事出有因

01

當今講求的是「速度」

在最初的十五秒內緊扣對方心弦

我曾接受某間大型電子科技公司的邀請，擔任簡報研修活動的講師，學習的主題是當簡報對象為大企業的社長或董事時，究竟該如何報告，才能在開頭的「一分鐘」，就讓對方感到興致勃勃。

當今時代，一旦身兼要職，任誰都忙得不可開交。要是和這樣的人閒聊：「今天天氣不錯哦。」他們肯定當場起身離席。

只要在最初的十五秒內讓對方感到興致勃勃，他們將願意再聽五分鐘。

如果能在五分鐘內獲得對方的認同，便得以進行後續的討論。

市場環境變化劇烈，新型商業模式接連問世的現代，除了簡報和跑業務之外，各種行業的各個部門都十分講求速度。

然而，這並不代表只要「簡短」表達即可。有個不容忘卻的重點，就是必須說明得「淺顯易懂」。所謂「淺顯易懂」，也能解釋為對方能「迅速」、「順暢」地理解自己想要說明的內容。

那麼，究竟該怎麼做，才能落實「淺顯易懂」呢？

其實，淺顯易懂具有三大要素。

針對他人的說明，大家往往隨口表示「淺顯易懂」、「艱澀難懂」。不過，各位是否曾經意識到「淺顯易懂」當中，包含著三種意涵：

一、**與自己關係何在，一聽就懂**。

二、**說話有條有理，一聽就懂**。

三、**用字遣詞深入淺出，一聽就懂**。

針對上述第二項和第三項，應該不難想像。在商務場合中，絕不能一開口就滔滔不絕、沒完沒了。尤其愈重要的場合，愈得在短時間內進行表達。因此，「以適當的順序傳達有助於理解的資訊」，就變得極為重要。

除此之外，還必須留意用字遣詞。就算說話有條有理，要是內含大量艱深言辭或專業術語，理解速度肯定大幅減緩。

一般來說，只要說話有條有理、用字遣詞深入淺出，對方就能理解自己所言。不過，本書所指的「淺顯易懂」，光這麼做還不夠。

「讓對方理解自己所言」與「讓對方聆聽自己所言」，屬於不同層次的問題。基於此故，做為說明的前提「一、與自己關係何在，一聽就懂」，將變得不可或缺。

人們通常只聽自身感興趣的事。為了「交際應酬」，有時會假裝豎耳傾聽，不過這樣的聆聽，往往立刻忘得一乾二淨。

如果是閒話家常，事後忘了內容也沒關係。不過，要是商務洽談的內容被對方忘到九霄雲外，最後將變得白忙一場，因為一切等同於沒說。

其實，不能只是「讓對方聆聽」，還必須「讓對方『傾身』聆聽」。

人們之所以「傾身」聆聽，是因為「內容和自己相關」。尤其就商務場合而言，絕對只聽攸關自身工作的事。說得更具體一些，**大家只想聽到「有利於自己的內容」（免於吃虧的內容）**。

如果無法在最初的十五秒內，讓對方感覺「啊！這是有利於我的內容耶」，所做的說明便不算成功。

把想要表達的內容，以最簡短的說法讓對方理解。

吸引對方對自己的發言產生興趣。

實現這兩個條件的說明，正是本書追求的終極目標——「淺顯易懂的說明」。

只要練就說明力，舉凡行銷話術、簡報、廣告、新聞稿、會議發言、指導下屬、合約書、公司內部文件、使用說明書、日常的商務書信等，所有用於商務場合的口頭或書面溝通能力，應該都能大幅提升。

02 那個說明為何「難以理解」？①

沒完沒了的說明話術無法緊扣對方心弦

為了理解何謂「淺顯易懂」，先來參考一下「難以理解」的範例。

難以理解的原因中，最具代表性的就是「沒完沒了的說明」。如果不知對方所云，或是搞不懂對方為何這麼說，不僅會讓人覺得心浮氣躁，也無法理解對方究竟想要表達什麼。

月底正忙的時候，翻譯公司的業務人員（業）以只談三十分鐘為條件登門拜訪，並展開以下的行銷話術。負責接待的承辦人員（承）於洽談當時的內心獨白，也一併附註說明。

業：「貴公司附近的餐廳好多，真是不錯。我的嗜好就是到處品嚐拉麵，車站附近有間『丸福拉麵』，您有去過嗎？」

承：「有啊，偶而會去。」（內心獨白：我沒時間和你閒聊這些耶……）

業：「由於貴公司專門從事作業機器的出口，因此我今天來此之前，先針對業界做了研究調查。最近業界的趨勢是～」

承：「是……」（這些我早就知道了啦！）

這時承辦人員漸漸感覺煩躁，經他不斷催促，才終於進入洽談的主題。

業：「本公司過去的翻譯服務，無法於櫃檯人員下班時段接單處理，因此損失半天以上的時間。因此，本公司於半年前架構了線上下單系統，關於這個系統～」

承：「喔……」（感覺有點艱深耶……）

業：「請看這個畫面。先把想要翻譯的字句填入這個表格中，然後按下『我要估價』的按鍵……」

承：「……」（需要現在說明操作步驟嗎？）

業：「採用線上下單系統的話，隨時都能下單，因此得以縮短交件時間。」

承：「說的也是。」（原來他想說的是這件事啊，那麼，究竟能縮短多少時間呢？）

業：「請問貴公司哪方面的業務較常使用翻譯服務？」

承：「呃……那個……」（咦？不再說明一下交件時間的部分嗎？）

業：「其實本公司旗下的特約譯者很多，還有懂特殊外語的職員。如果是烏茲別克語、薩摩亞語之類的外語，就比較棘手一些（笑）。但只要是貴公司主要出口的亞洲地區，我想本公司都能應付。」

承：「是喔（乾笑）。」（誰需要烏茲別克語啊……）

業：「想必貴公司也需要專業技術的翻譯服務吧，歡迎向本公司洽詢相關業務。」

承：「好的。」（我比較擔心的是翻譯品質，不過似乎沒時間發問了……）

業：「或許您擔心費用的部分，如果需要報價，您可線上提出申請，我們也會盡

沒完沒了的說明，讓人難以消化吸收

快回覆。本公司應能提供符合貴公司需求的服務，請務必參考研究。」

承：「好的，我知道了，今後請多多關照。」（浪費我好多時間喔……）

以閒話家常開場，接著闡述業界分析，然後一邊打探對方需求，一邊推銷自家公司的服務。或許這是行銷話術的標準版本，但針對「賣點」的說明卻過於冗長，導致重點失焦。

難以理解與自己關係何在、說話欠缺條理、用字遣詞艱澀難懂……如果聽到這樣的說明話術，應該中途就完全不知對方所云了吧。

或許有人此刻突然心頭一驚，擔心自己的說明該不會也是如此。不過，針對該如何戒掉「沒完沒了的說明」，想必大家毫無頭緒。這時本書介紹的對策，便能派上用場。

第二章將為各位介紹可把要說的話，整理成淺顯易懂的「TNPREP法則」。第一百零九頁以後，這套「難以消化吸收」的行銷話術將完全改觀。

03 那個說明為何「難以理解」？ ②

說話欠缺條理，將讓人聽得一頭霧水

只要悉心觀察，將發現日常生活中，到處充斥著難以理解的說明。

下一頁的附圖為某間家庭餐廳的菜單。看來搭配主菜的漢堡排，有各式各樣的加購項目。不過，令人不解的是，「白飯——160日圓（續碗免費＋50日圓）」的部分。白飯續碗究竟是免費，還是得外加五十日圓？

在午餐及晚餐的尖峰時段，要是不斷被客人詢問這件事，不僅相當浪費時間，也會妨礙餐廳的正常運作。說不定有些客人還會嫌詢問店員太麻煩，因而考慮改點其他餐點，甚至留下惡劣的印象：「這間餐廳待客不周。」

這份菜單的問題癥結，就在於「免費」和「＋50日圓」的矛盾寫法。如果修改為「＋50日圓可無限續碗」，就不會產生誤解。

這可謂「說話欠缺條理」，因此導致難以理解的例子。

要是製作菜單的人沒有站在顧客立場，思考「該怎麼寫才能一看就懂」，勢必造成餐廳的損失。

再舉一個「說話欠缺條理」的例子。

下一頁的附圖是張貼於超市礦泉水自動販賣機上的公告。

致敬愛的顧客：
使用本自動販賣機將導致故障，
請用以下專用瓶。
名水
WATER

花三秒鐘閱讀這張公告，各位能否說明當中寫了什麼內容？

雖然上面寫著「使用本自動販賣機將導致故障」，不過缺乏主詞，因此有看沒有懂的人應該不少。凡是沒有仔細閱讀的人，恐怕反而誤以為只要拿了照片中的飲料瓶，機器就會故障。

如果重新調整公告內容的順序，同時補充不足的辭句如下：

「使用本自動販賣機之際，請用以下專用瓶。如果使用其他飲料瓶，將導致機器故障。」

如此一來，將讓人一看就懂。

04 那個說明為何「難以理解」？③

只是列出一堆詞彙，根本無法讓對方理解

下一頁上方的附圖，是我為了讓電腦執行無線上網，而打算設定藍芽裝置時的手機顯示畫面。

首先，我不懂「配對」的意思。此外，視窗中的「請在「ABCDE15」～」，應該也沒人看得懂吧。

像這類完全不顧「詞彙易懂程度」的標示，常見於電腦和高科技相關器材中。

至於下方的附圖，則是更誇張的例子。

當我打算取消會員制的動畫發送服務時，電腦赫然變成英文畫面。因此感覺費事而

放棄取消的人，想必不在少數。莫非對方正預期如此，而巧妙利用了「艱澀難懂」？這真是太令人懷疑了。

下一頁的附圖，是刊登於某間網路服務公司官網上的廣告：「附Wi-Fi熱點LTE（網路傳輸技術之一）的SIM卡」。

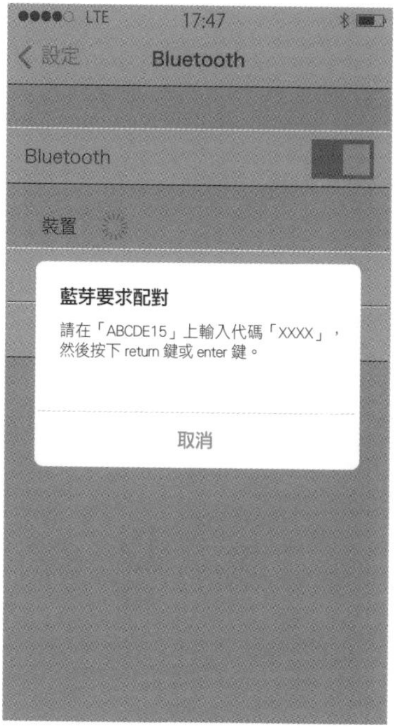

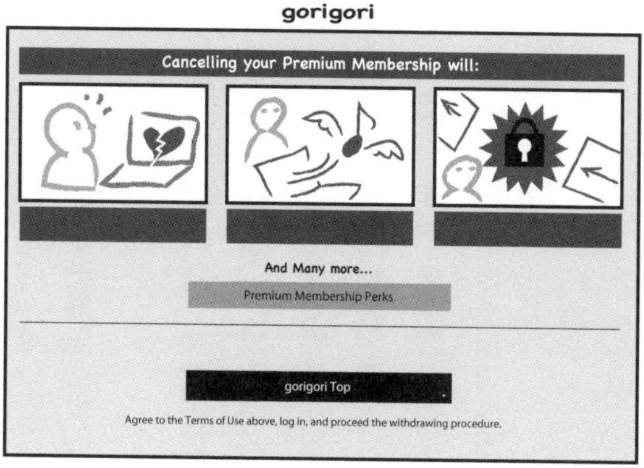

想必看不懂當中詞彙的人為數不少吧。所謂SIM卡，就是一般手機和智慧型手機通訊必備的晶片卡。

以「機動戰士鋼彈」做比喻的話，一般手機和智慧型手機的硬體部分好比鋼彈，SIM卡則為駕馭鋼彈的阿姆羅。即使同為鋼彈，要是改由夏亞駕馭，鋼彈就會變得更厲害。同樣的道理，只要更換性能較佳的SIM卡，一般手機或智慧型手機的通訊將變得更加便宜好用（不熟悉鋼彈的讀者，謹此致歉．莞爾一笑）。

如果刊登這則廣告的網站，點閱者以熟悉高科技或通訊相關領域的人士居多，那倒也無可厚非，然而這個網站卻是公司官網，瀏覽對象大多是對於高科技了解不深的一般用戶。

廣告版面採用手拿SIM卡的年輕女模照片，或許是為了和消費者拉近距離，**不過就「說明」的觀點而言，根本毫無幫助**，至少得讓女模擺出把SIM卡插進手機的姿勢才對吧。

除此之外，這則廣告主打價格為「880日圓／月～」。不過，要是消費者無法理解以下兩點，恐怕難以判斷880日圓是否便宜：

- ●什麼是SIM卡？
- ●更換這種SIM卡，究竟有什麼好處？

所謂廣告，如果無法瞬間緊扣對方心弦，將毫無效果可言。然而，不僅「言辭不夠深入淺出」，甚至還「難以理解與自己關係何在」的廣告，要刺激消費者產生興趣，一樣難度不小。

商品滯銷時，多半歸咎於品質或價格，但是像這樣原因出在廣告艱澀難懂的案例，其實也不算少見。就算開發人員卯足全力設計出高性能的商品、便利的服務，或是拚命壓低成本，要是無法讓消費者理解這一切，根本賣不出去。

05 淺顯易懂的說明務必具備的三大要素

「讓對方以當事人自居」、「條理分明」、「深入淺出」

每當翻閱表達術的相關書籍，總會看到「成功者必須具備幽默感」、「說話務必留意抑揚頓挫」之類的建議。

不過仔細想想，商務場合真的那麼需要幽默感嗎？

如果是簡報場合，或許幽默感能派上一些用場。但是，並不能說「缺乏幽默感就無人傾聽」，而且談話風趣或聲音洪亮的業務人員，也未必就是業績冠軍。

相較於這些特質，**其實更重要的是思考談話的內容，以及所要表達的意涵**。

在煩惱「說話相當無趣」之前，不妨先徹底確立預定表達的內容。

如第三十一頁所述，「淺顯易懂」具有三大要素。如果要以行動落實，就必須做到以下三點：

一、讓對方以「當事人」自居。

二、整理自己想要表達的內容。

三、遣詞用字深入淺出，讓對方理解所要表達的內容。

上述三點之中，務必率先著手的就是：

一、**讓對方以「當事人」自居**。

無論是什麼話題，只要對方不願豎耳傾聽，根本無法讓對方理解。即使說得頭頭是道，客人也不願意聆聽不感興趣的行銷話術。

對方之所以對自己的言談充滿興趣，願意豎耳傾聽，正是因為就對方而言，這番話有其必要性。換句話說，對方認為這番話非聽不可、不聽可惜、聽到賺到，所以才願意洗耳恭聽。

大部分的人，往往難以擺脫以自我為中心的說明。例如：「我想現在跟您說這件事」、「我想跟您談一下這件事，請聽我說」、「今天就是為了介紹這項商品才來拜訪，請仔細聽我說」。

雖然我明白你的心情，不過這些都是「你的一廂情願」，對方應該會認為「與我何干」吧。

其實只要互換立場思考看看，就能充分理解。假設街頭有人正在進行演說或連署活動。對這些人來說，他們訴求的主題相當重要，而且述說的內容，想必也的確要緊。不過，大部分的路人都沒有停下腳步聆聽，甚至連邊走邊聽的人都沒有。

究竟原因何在？這是因為大家多半覺得「事不關己」。

就算喊得再聲嘶力竭，擺出再多宣傳旗幟，也都無濟於事。**大家只對「和自己有關的話題」感興趣**。

只要對方願意豎耳傾聽，第一階段便宣告過關。不過，並非就此結束。

就算對方一開始願意洗耳恭聽，也僅止於當時的心態為「雖然還有點搞不清楚，不過似乎頗為必要，姑且聽聽吧」，絕對沒有你說什麼都得聽的想法。

基於此故，一旦感覺內容難以理解，對方馬上就會放棄聆聽。**針對已勾起對方興趣的內容，務必說得更加淺顯易懂。為此必須落實以下兩點：**

二、**整理自己想要表達的內容**。

三、**遣詞用字深入淺出，讓對方理解所要表達的內容**。

接下來將針對「一、讓對方以『當事人』自居」、「二、整理自己想要表達的內容」、「三、遣詞用字深入淺出，讓對方理解所要表達的內容」，分別於第一～三章具體說明如何付諸實踐。

練習A——請挑選一件你在工作上想要說明的事情寫出來，不限內容。

第1章

說明以扣人心弦為要！

06 對方所求為何？

沒有保證能讓對方理解的「魔法語言」

我任職於賽博艾堅特時，曾發生一段小插曲。

到職後的第一個分發單位是廣告營業部。這不僅是我頭一次進入網路界工作，也是頭一次擔任業務人員。儘管如此，我還是得全力以赴。在這種狀況下，我一心求取的就是只要這麼做，就能把商品賣出去的「標準答案」。

於是我翻遍了商業叢書，不斷效法一些表面性的技巧，例如：「只要說這些魔法語言，對方就會掏錢購買」、「一再詢問對方有無疑問，漸漸就能取得信任」等。

然而，在沒有打好基礎的前提下，一味地學些皮毛功夫，做做樣子，結果當然是挫敗連連。我完全沒有思考自己登門造訪的公司想做些什麼，而是逕自說明自家公司的各種廣告方案，並且一再詢問：「有沒有問題？」這樣的行銷手法當然難以成功。

結果，完全仰賴「魔法語言」的這段期間，我的業績簡直慘不忍睹。

頭一次有所斬獲，是在接到某間人力派遣公司的訂單之時。

這間公司規模不大，廣告預算也不多，對方表示：「我們想要製作廣告，但預算不多。」結果我並未擺出業務人員的姿態，而是告訴對方：「不如我們一起思考究竟該怎麼做吧。」即使這間公司幾乎已決定和我簽約，我一樣回絕對方：「這類廣告不適合貴公司，建議暫緩為宜。」

當時我全心全意服務這間公司，雖然並非基於「以客為尊」的思維，不過後來，那間公司寄了一封感謝函給我的主管。據說信上寫著：「感謝貴公司業務人員的細心體貼。本公司從未遇過這樣的業務承辦人，內心無比感動。」

解決對方渴望處理的問題——上述的經驗讓我發覺這才是最神奇的「魔法」。

07 讓對方豎耳傾聽的話術為何？

當下想聽的內容及有利可圖的內容

要讓對方順利、迅速地理解說明，「扣人心弦」至關重要。不過，這與藝人以搞笑逗趣的話題「扣人心弦」不同。唯有讓對方覺得「內容和自己相關」，才能真正做到吸引對方注意的「扣人心弦」。

然而，這是一項難度極高的技巧。大部分的人與他人交談時，往往表現出「這件事和你有關唷」的態度。不只是公司內部的對話，連針對客戶推銷商品的話術，也都以「這件事和你有關」為前提。

不過，對方的見解未必如此的情形相當多，也因此，不僅大部分的電話行銷遭人

「怒掛」，「電話行銷」和「強迫推銷不需要的商品」還被劃上等號。

要讓對方認為「和自己有關」，一言以蔽之，就是得「說些對方期待聽到的話」。

對方究竟期待聽到哪些話呢？其實可分為兩種。**一種是「當下想聽的內容」**，**另一種則是「有利於對方的內容」**。

以公司內部會議為例。此時對方認為「和自己有關」的內容，當然是關於會議議題的內容。如果議題與客戶應對接待有關，內容將包括客戶服務的改善方法、其他公司深獲好評的實施方式案例，或是客訴個案的分享等。

這些內容對於與會者來說，並不屬於「有利可圖」的內容，不過，大家卻聽得非常認真。

換句話說，只要說些對方「當下想聽的內容」，他們便會洗耳恭聽。在平時召開的公司內部會議中，只要精準掌握哪些是對方想聽的內容，便毫無問題。

相對於此，如果是推銷商品、企劃簡報、公關宣傳等，目的為向對方進行提案的場合，則得進一步說些「有利於對方的內容」。

以向客戶推銷自家公司新商品為例，這時得說些什麼呢？

大家不妨反轉立場，思考看看。如果其他公司的業務人員來向自己推銷商品，對方該說些什麼，自己才有興趣豎耳傾聽？除非洽談的內容有利於自己，否則應該沒啥意願聆聽吧？

就算貿然來訪的業務人員表示：「本公司具有崇高的理念，因此請容我介紹一下公司成立背景和經營理念。」想必你也會回對方一句：「不用了，我沒興趣聽。」畢竟這些內容無法讓自己從中獲利。

無論對方說得再有條理，遣詞用字再通俗易懂，沒興趣的內容就是沒興趣，因此應該毫無意願聆聽。

在此再問各位一次。你目前打算說明的內容，是否為「對方當下想聽的內容」？還是「有利於對方的內容」？

08 扣人心弦的技巧1 留意「對象是誰」

連對方的聆聽心態一併思考

一旦認清目標為說些「對方當下想聽的內容」或「有利於對方的內容」，接著不妨思考一下具體上該如何著手。

一聽我這麼說，有些人便連忙彙整談話的內容，不過在此之前，其實還有更重要的準備動作。

那就是先搞清楚「要向誰表達」。要是沒釐清這個部分，別說要在短時間內讓對方理解，甚至連想要表達的內容都無法整理清楚。

之所以遭人詬病說話無重點、不知所云，最主要的原因就是沒有事先釐清「要向誰表達」。

要是沒有確定這個部分，將連自己都不大清楚原本打算說些什麼。

就我的印象而言，沒把這道事前整理的步驟放在眼裡的人非常多。可能大家總是認為「要向誰表達」，原本就十分清晰明確，無須特地再次確認。

如果詢問：「對象是誰？」的確會被告知：「應該是○○先生（小姐）吧。」不過，針對表達的對象，我們要思考的問題並不只這些。

所謂「對象是誰」，應該要「包含對方的狀態（聆聽心態）」。換句話說，必須同步思考對方秉持什麼心態，在什麼狀態下豎耳傾聽。

即使為同一人，「聆聽心態」也會隨著興趣的濃淡、撥冗聆聽的時間、忙碌的程度等而有所出入。針對沒什麼興趣聆聽，或是目前無暇聆聽的對象，就算帶著厚厚一疊資料造訪，花了許多時間說明，對方也無意聆聽。

如果對著再過五分鐘就得外出洽公的主管說：「關於客戶A公司的問題，想和您深入討論一下……」結果將會如何呢？主管肯定會丟下一句：「待會兒再說！」

配合對方狀況，費點心思調整說明的順序和表達方式

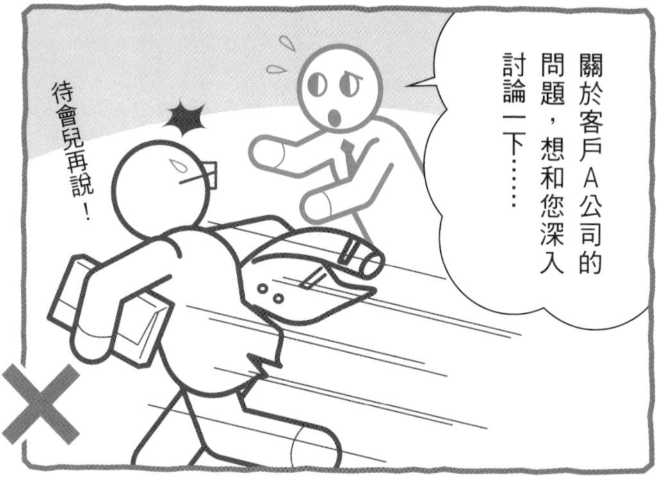

反之，針對滿心期待聽你所言的對象，如果告知：「那麼我簡單說明一下概要就好。」保證會惹惱對方。

換句話說，思考「要向誰表達」時，並非對象確認妥當即可，而是連同對方的「聆聽心態」都得列入考慮。

打個比方來說，如果無論如何都得讓「五分鐘後就要外出洽公的主管」點頭同意，就得費點心思調整說明的順序和表達方式，例如：「要是今天之內沒給予回應，恐怕會引發退貨的風險。請容我耽誤一分鐘說明概況，稍後再以手機簡訊向您報告其他細節。麻煩請在下午四點以前回覆指示。」

舉凡「要向〇〇經理表達」、「對象是客戶的△△先生」等，就算腦中浮現表達對象的臉龐，依然有所不足。不妨連同對方究竟秉持何種心態期待你的表達內容，也一併列入考慮。

唯有設想至此，才可謂真正搞清楚「對象是誰」。

09 扣人心弦的技巧2 濃縮「表達內容」

活用「十五秒原則」歸納結論

連表達對象的「心態」都確實掌握之後，接下來要讓「表達內容」清晰明確。

針對「要表達什麼」，想必自以為清楚明確的人不在少數。然而，事實並非如他們所想。

如果問這些人：「接下來要談些什麼呢？」他們可能答覆「關於新商品」、「關於市場變化」，大部分的人都覺得如此回答已相當明確，不過，其實這樣還不夠清楚。

就算話題為「關於新商品」，究竟要談新商品的哪個部分呢？價格嗎？款式嗎？還是性能的改良？主旨並不明確。

所謂「關於～」，其實是相當含糊的說法。如果翻譯成英文，就是「about～」吧。about的字義為「約略」、「大概」，代表不甚明確，換句話說，就是「差不多」。

「來談談關於新商品的話題吧。」想必這句話任誰都懂，不過，到底具體內容為何，其實並不明確。如果就此聊了起來，對方將漸漸無法理解你究竟想說什麼。這樣的話術，真的能引起對方的關注嗎？

那麼該怎麼做才好呢？

請先決定「總結的一句話」。只能表達一句話的時候，到底要說什麼？所謂「決定要表達什麼」，就是要決定這句話。

換句話說，如果必須捨棄所有鋪陳及說服對方的數據、補充資訊，只能以「一句話」進行表達，應該說什麼好呢？務必事先備妥這句話。

例如向客戶表達：「請購買這項商品。」或是向主管表達：「請允許我超過預算。」、「這份工作該如何進行較好，請提供建議。」

先決定這樣的「一句話」，再展開話題，為十分重要的事。要是沒這麼做，恐怕最後只提到一些周邊資訊，真正想要表達的重要內容反而隻字未提。

想要言簡意賅地表達自己的訴求重點，必須「濃縮」資訊。

這時，不妨試想一句你想要表達的結論。

搞不好有些人在思考「要表達什麼」的階段，就已經遇挫了。

像這樣自覺無法彙整自身意見，或是無法淺顯易懂地進行表達的人，要是聆聽他們所言，將發現「無法篩選取捨表達重點」的人不在少數。

「雖然個人的意見是A，不過有時也會變成B，甚至有C的可能性。」有些人會像這樣列出過多的補充資訊，最後變得搞不清楚自身立場為何。另外還有一些人總是擔心遭人反駁，於是先把他人可能提出的吐槽觀點一一列出，然後先發制人地宣稱：「基於這些原因，這些觀點有誤。」

無論是哪一種人，他們往往扯東扯西，結果連自己也不知道究竟想說些什麼。

針對這類「怎麼樣都無法濃縮成一句話」、「總是追加鋪陳或補充資訊」的人，建議活用「十五秒原則」。

換句話說，**就是自問自答：「如果只有十五秒，那麼該說些什麼？」**

打個比方來說，電車即將關門之際，無法向前來送行的對象說太多話。這時，要向對方說些什麼呢？

又比如以前的人氣電視節目《超級主持人》（SUPER JOCKEY，日本搞笑綜藝節目）知名單元〈泡湯廣告〉，如果擁有十五秒向全國進行宣傳的機會，你會說些什麼呢？

按理來說，這時應該只會說出「最想表達的事」。

首先不妨集中精神來表達這件事吧。**為了預防他人反駁而追加資訊，或是為了避免誤會而補充資訊，都等以後再說**。

那麼再問各位一次。如果要以一句話代表你最想表達的事，你會說些什麼呢？

徹底濃縮自己想要表達的內容

●懇請對方調整預算時

✕

感謝貴公司日前發包製作廣告傳單。

雖然高木經理曾拜託我方提前於九月二十五日交件……然而操作上恐怕有所困難。或許您認為距今還有兩個月之久，但八月份適逢暑期連休假期，本公司也曾考慮停休趕工，不過儘管如此，也不確定能否如期交件。

本公司打算增聘臨時兼差人員，但如此一來，可能得追加一些預算。

POINT

- 有事拜託對方時，鋪陳往往過於冗長。
- 難以理解到底是希望對方延後交件日期，還是增加預算。

〇

關於貴公司日前發包製作廣告傳單一事，**能否考慮增加預算約五萬日圓？**

據高木經理告知，廣告傳單預定於九月二十五日的活動中分發。不過，我方針對人力的安排，是以原定的十月底交件為基準，如果要將交件日期提前一個多月，勢必得增加人手。

POINT

- 決定「何為最想表達的事」，藉此讓說明變得淺顯易懂。
- 只要開門見山言明「最想表達的事」，後續說明也會變得比較容易理解。

10 扣人心弦的技巧3 進行「換位思考」

一開口便收服對方的最強說詞

如第五十五頁所述，說明時得說些「對方期待聽到的話」。尤其向客戶提案時，要是對方認為聽了也無利可圖，恐怕連開會討論的時間都不肯安排。

或許大家覺得這是理所當然之事，不過實踐起來相當不容易。嘴上掛著「務必為對方設想好處」，實則只顧自己的人並不少見。由於對方必能瞧出個中端倪，因此難以順利緊扣對方心弦。

為了真正站在對方的立場設想，必須強迫自己改變思維。

這時效果可期的做法，就是改變說法。大家不妨以下述說詞為開場白，然後才思考表達的內容：

「今天將針對您強烈期盼的〇〇，談談如何解決／實現。」

這句話與假裝為對方設想，一味耍小聰明的「魔法語言」截然不同，是屬於讓想法落實「換位思考」的說詞。由於事先宣稱：「針對您強烈期盼的〇〇，談談如何解決／實現。」因此〇〇的部分，應該只能填入對方強烈期盼之事。

前幾天，某間企業針對儲備幹部舉辦了簡報研修活動。

一般的簡報，多半先從客戶所屬業界的動向或市場背景談起，然後述說自家商品．服務何其優異，最後則多花一些時間說明商品的性能、材料、採用技術，以及與他牌的比較等。

就算談及「關於貴公司的動向～」，客戶肯定掌握得更加詳細深入。對方無意聆聽的內容，即使花再多心血準備，也沒人豎耳傾聽。

那麼，一開口該說些什麼才好呢？這時就可以搬出最強說詞：

「今天就是為了實現您強烈期盼的○○，而前來造訪。」

大家不妨以向出版社提出書籍宣傳方案的狀況為例，試著思考看看。

這時如果先談起出版界的動向，對方恐怕顯得興趣缺缺吧。

要是開場白改為：「我發現創造暢銷書的方法。」結果會是如何呢？

這種說法顯然較能撼動人心。如果要緊扣對方心弦，應該沒有其他更有效率的方法了。

「今天的會議將與大家分享客訴資訊，針對（大家強烈期盼的）糾紛處理效率化，提出可行方案。」

「本次的新聞稿將為各位介紹一款（眾所期待的）雷射印表機，不僅內建機能適用於SOHO族，而且價格十分低廉。」

如上所述，不妨將你個人遇到的狀況，套用這句說詞，試著思考各種應用範例。

首先必須明確表達最終目的為「解決對方的問題」，接著才以實現這個目的為名義，強打自家產品的獨特性及優點。

明確表達「我要解決你的問題」

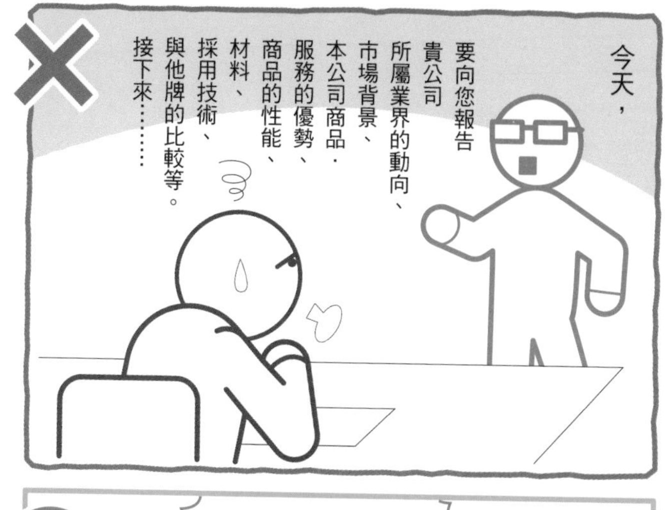
今天就是，
「為了
實現您強烈
期盼的○○，
而前來
造訪。」
太、太好了！
一語命中！

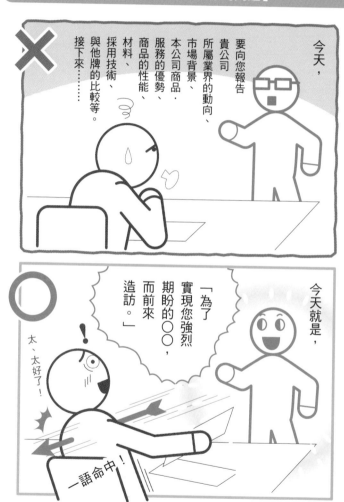

●於會議中進行提案時（開場白十分重要）

首先請各位過目剛才分發的資料，這是公司官網洽詢頁面中的客訴匯總表。

經過分門別類，釐清哪一類的客訴較多之後，發現類似的客訴相當之多。如果把這份匯總表分享給全體同仁，想必客訴的處理將更加順利，因此請遭到客訴的單位把表單帶回去，檢討因應處理方式。

POINT

「順利」一詞，說法過於含糊籠統。

POINT

- 難以理解這番話和自己有何關係，恐怕聽了之後左耳進，右耳出。
- 只丟下一句「請檢討因應處理方式」，對方根本無法理解究竟要怎麼做。

○

今天的會議將針對一直懸而未決的糾紛處理效率化，提出可行方案。

分發給各位的資料是將公司官網洽詢頁面中的客訴，經過分門別類後的匯總表。雖然過去均為個別處理，但由於類似的客訴不少，因此不妨由各單位自行決定因應方式，並與單位同仁分享，如此一來，應能加快處理速度。

POINT

明確指出有利於對方的重點。

POINT

- 首先，務必站在聽眾的立場思考。
- 然後基於這樣的觀點，開門見山地表達目的就是為了解決與會者遇到的問題。
- 最後明確提出具體的行動方案。

11 扣人心弦的技巧4 進入對方的世界

窩在會議室中，無法理解女高中生的需求

以換位思考的方式進行表達有多重要，已說明如前。

不過，就算一直呼籲大家得換位思考，單憑腦袋猛想，仍無法脫離想像的層次。

如果說明的對象是公司同仁或主管，務必先密切觀察他們平時的思考及行為模式。

凡是銷售人員，或是能一再拜訪客戶的業務人員，聽取客戶的意見，可謂探詢需求的方法之一。要是難以做到這一點，只要模仿客戶的行為模式、實際前往客戶經常造訪的場所，和客戶共有相同的世界，將能得到莫大的線索。

以我個人為例，每當提筆寫作時，為了盡可能了解撰寫的對象，我總會全力「體會」對方的世界。

打個比方來說，我透過以賭徒為主角的漫畫《賭博默示錄》，撰寫解讀世上金錢架構的書籍（《賭博默示錄「錢比命重要！」金錢論》，暫譯）之時，便曾實際跑去柏青哥店觀察店內的客人。

有些人稍微拉出椅子，翹起二郎腿，邊抽菸邊玩，也有些人嫌體育報刊礙事，因此沒有仔細翻閱……只是讓自己待在店裡進行觀察，似乎就能切身感受客人的心思。

以前，我曾經參加某間公司的商品企劃會議。

會議的主題是如果以女高中生為目標客層，應該主打什麼功能才具有吸引力。

這時廣告公司提議：「如果要讓女性掏錢購買，最好訴求美白。」據說有實際數據顯示，女性對於美白十分在意。

如果銷售對象是全體女性，這項提議有其道理可循。不過，換成女高中生的話，則另當別論。

畢竟當時正值「黑辣妹妝」和「山姥辣妹妝」的全盛期，如果到涉谷走一趟，將發現女高中生清一色把臉蛋塗得烏漆麻黑，哪有人想讓自己的臉蛋變得更加白皙？

於是我不禁脫口說了一句：「我覺得現在的女高中生對於美白並不感興趣……」結果立刻被人吐槽：「請您仔細閱讀廣告公司的資料，提出符合邏輯的意見。」

不過，縱使女性對美白十分在意的統計數據無誤，要是沒有親眼看到、親身體會女高中生的實際現狀，將無法開發出女高中生內心渴求的商品。

有道是百聞不如一見，就算掌握一百則情報，也贏不了一次親身體驗的案例，其實不勝枚舉。

練習B——你準備向「誰」說明呢？請連同對方的狀況一併考慮。

你準備說明「什麼」呢？請彙整成可於十五秒內說完的簡短內容。

如果你要進行說明，開場白打算怎麼說？請試著思考「最強說詞」。

第 2 章

強化說明技巧的訣竅——「整理力」

12

何謂 TNPREP 法則？

任何內容都能讓人一聽就懂的黃金守則

學會第一章說明的「扣人心弦」後，隨即就來具體架構辭句吧。這時要是無法說明得讓人「一聽就懂」，就算特地緊扣住對方心弦，也將前功盡棄。

接下來要為各位說明的是表達的「公式」。只要將「公式」植入腦中，無論遇到什麼狀況，都能條理分明地闡述自己想要表達的內容。

所謂的公式，**就是本人提倡的表達術不二守則「TNPREP法則」**（®一般社團法人教育交流協會）。這套法則**代表著整理資訊時，讓表達內容變得淺顯易懂的「順序」**。

具體來說，可依照下述步驟一～六的順序架構說明的內容。一旦遵循這套法則，無論主題為何，都能淺顯易懂地進行彙整；即使主題再複雜，也能言簡意賅地予以歸納。

【步驟一】告知主題（Theme）

開門見山地告知主題。例如：「接著要說明的是關於○○的事」、「想和您討論一下關於○○的事」。

【步驟二】告知表達要點的個數（Number）

告知想要表達的要點有幾個。例如：「想表達的要點有三」、「重點有二」。

【步驟三】告知要點・結論（Point）

告知想要表達的重點・要點。例如：「就結論而言，我想表達的就是××。」

【步驟四】告知結論正確的理由（Reason）

例如：「（就結論而言，我想表達的就是××。）理由為○○。」

【步驟五】列舉具體事例（Examlpe）

提出佐證「結論」的具體事例。例如：「比方說，類似這個例子。（因此這個結論正確無誤。）」

【步驟六】再次重申要點・結論，做出總結（Point）

最後再次重申「要點・結論」。例如：「基於此故，本次我想表達的就是××。」

以上就是讓表達內容淺顯易懂的公式「TNPREP法則」。

將各個步驟（主題、個數、要點・結論、理由、具體事例、要點・結論）以英文表示，然後取字首列出，就是「TNPREP」的命名由來。

這套法則適用於任何主題。除此之外，**讓對方理解・認同表達內容的必要元素，也全部蘊含其中**。

雖然說明狀況或整理發生的事件時，有時未必需要步驟四「理由」及步驟五「具體事例」，但思考模式並無出入。為了讓對方理解狀況，首先得告知自己想要表達的「結論」，之後再詳細說明狀況。

練習之初，建議把次頁圖表擺在筆記本旁，然後試著寫出各步驟的說明，接著嘗試

讓表達內容淺顯易懂的不二守則

TNPREP法則

① Theme	**主題** （接下來要說什麼？）
② Number	**個數** （想要表達的要點有幾個？）
③ Point	**要點・結論** （一言以蔽之，想表達的就是什麼？）
④ Reason	**理由** （為什麼能這麼說？）
⑤ Example	**具體事例** （有什麼故事插曲可說？）
⑥ Point	**要點・結論** （確認）

向他人表述所寫的內容。起初或許說明得不甚流暢，不過多練習幾次之後，便能自然而然地循著TNPREP的步驟侃侃而談。

接著就來詳細說明各個步驟。

13

步驟1 告知主題

務必從「究竟要談什麼」說起

為了能言簡意賅，而且淺顯易懂地進行表達，絕不能忽略的就是「告知主題」（究竟要談什麼？）。

凡事都得事先告知主題。

常聽人說「先說結論」。然而，要是真的先從結論說起，有時反而會讓人聽得一頭霧水。

電視新聞一律先告知「主題」。

新聞主播於播報新聞時，肯定一開頭便先告知「要說什麼」。例如：「今天於〇〇發生××事件」、「今天於東京舉辦××祭典」，隨後才開始細述新聞內容，或是實況轉播現場畫面，展開詳細的說明。

屬於說話專才的搞笑藝人也是採用相同的表達方式。這些諧星已被訓練成一面對鏡頭，便能對著觀眾妙語如珠，他們的即興漫談簡直如寶庫一般，裝滿了「淺顯易懂的說明」。

前幾天我也看了一個綜藝節目，對於諧星們極盡搞笑之能事的敬業態度，感到敬佩不已。所有諧星要開始說自己的搞笑段子時，一定會先說一句：「這是發生在我搭檔身上的事～」藉此告知觀眾「內容大綱」。

要是所說的內容無法讓人理解，便不能逗樂觀眾。從事搞笑這一行，讓人一聽就懂為必備條件。這時諧星們貫徹執行的就是「先說主題」。

為了發表新產品，曾進行過無數場經典簡報的蘋果公司已故創辦人史蒂夫・賈伯斯（Steve Jobs），也是深知表達時先說主題何其重要的人士之一。從賈伯斯的簡報中，不難發現相較於讓聽眾理解內容，他更致力於事先讓對方得以輕鬆明瞭「究竟要談什麼」。

為了讓對方理解所談的內容，必須先說一句：「接下來要談這件事。」為對方準備一個「腦內水桶」。換句話說，就是可供腦袋填裝資訊的「容器」。

要是沒有這個容器，資訊將從對方的右耳進，左耳出，無法留在腦中。（參考：《大家來看賈伯斯：向蘋果的表演大師學簡報》，卡曼・蓋洛〔Carmine Gallo〕著）

大家不妨以相反立場思考看看。打個比方來說，假設某位消費性產品製造商的業務人員，突然接到主管的指示，而且前言直接省略，只被告知「結論」如下：

「參與活動的連鎖便利商店共有四間，到貨日為二十日，全國各分店得收到三種各三十份，另外還有店面用的宣傳海報。去向商品企劃部索取清單。」

一旦冷不防地被吩咐了一堆瑣碎細節，完全缺乏「主題」，腦中將充滿問號：「咦？他在說什麼？」、「該怎麼做好呢？」如果主管一開頭先表明主題：「關於廣告授權玩偶的活動贈品配送……」業務人員將能一聽就懂。

要是不清楚「主題」為何，將來不及消化對方所言，跟不上話題的進度。此外，相

先說主題，讓對方在腦中備妥容器

較於聽取對方發言，自己往往更加拚命地猜想：「究竟在說什麼啊？」如此一來，將無法專注於對方表達的內容上。

各位平常想表達些什麼之時，幾乎都是「事出突然」。比如突然造訪對方、突然找對方談話、突然開始說明。這時，突然告知對方「重點是〇〇」，想必對方也不知各位所云，完全無法理解吧。

對方通常是在一片純白的狀態下，開始聆聽各位所言。務必一開始便告知「主題」及談話內容的全貌，藉此讓聆聽者做好「腦袋的準備動作」。

只要能讓對方預知「原來接下來要說的是這件事啊」，對方將更加容易一聽就懂。

● 針對外國觀光客的因應方案進行指示時

✕

煩請園區所有餐廳及商店協助分發菜單，直到三月十日為止。菜單備有英文及中文版本。另外還有園區地圖，請一併發放。

除此之外，煩請轉達各店推派一名代表，參加三月二十日的研修活動。有些觀光客可能會直接提問，究竟該如何因應，將於活動中說明。

POINT

- 劈頭就先說具體方案，只會讓對方聽得一頭霧水。
- 由於多項要求說明得十分零散，以至於腦袋難以消化吸收。

○

關於近來人數暴增的外國觀光客因應方案，已於園區所有餐廳及商店備妥中英文菜單和園區地圖，煩請協助分發至三月十日為止。

此外，三月二十日將舉辦觀光客因應研修活動，請轉達各店推派一名代表參加。

POINT

- 只要先說主題，對方便能專心聆聽。
- 先表明研修內容，藉此讓說明變得更加簡潔明瞭。

14

進入步驟2之前

多一道工夫進行確認的「步驟確認法」

告知對方主題時，有個務必學起來的訣竅。

猶如簡報一般，當聽眾已事先得知主題而齊聚一堂時，就算沒有特別告知：「今天將針對○○進行簡報。」他們應該也是心照不宣。

不過，對方通常沒有做好準備要聆聽各位所言，甚至根本不想聽各位說話。對方有其方便與不方便的時候，說不定在那個時間點，對方正打算處理其他事務。

這時要是逕自說了起來，將等同擅闖他人房間後，一廂情願地滔滔不絕。搞不好對方壓根兒不想聽各位說這番話，也有可能心想「稍後再仔細聽」。

如果直接登門拜訪進行推銷，難度應該更高。要是走在路上，突然被人攔下問一句：「您為什麼老是為了工作煩惱不已？」各位感想如何？

一開始會覺得一頭霧水吧，說不定還會忍不住發飆：「你憑什麼這樣問我？」

致電對方手機時，不少人會先問一句：「現在方便說話嗎？」找人談話時，一樣要詢問對方當下是否方便，除此之外，**不妨再確認一句：「這個主題是否符合目前的議題？」我把這個確認動作取名為「步驟確認法」**，非常推薦各位使用。

打個比方來說，有事找主管討論之前，如果先「確認」一句：

「方便現在和您討論一下營業策略嗎？」

想必主管將會回應：「你說吧。」或是：「稍後再談吧。」

就算自己的話題方向完全錯誤，主管也能提出修正：「不對不對，這和目前所談無關，換個話題。」

於會議中發言時，也是同樣的道理。例如：

「接著想為各位說明本次糾紛的原委，是否符合主題？」

請務必像這樣先確認與會者的需求和自身準備談論的話題是否一致，然後才展開說明。

透過這樣的確認，將能得知對方所求。反之，要是沒有落實這樣的「確認」，搞不好會變成「沒人想知道的事，卻逕自滔滔不絕的人」。

15

步驟2 告知表達要點的「個數」

重點有幾個？

告知主題後，其次相當重要的就是「個數」。換句話說，就是得告知對方表達的重點有幾個。「今天想表達的要點有三」，類似這樣的句子，大家應該在各種場合聽過吧？

要是再次以前述「用來整理談話內容的『腦內水桶』」（請參照第八十七頁）做比喻，就是必須依照表達要點的個數，備足腦內水桶的數量。

為了整理表達內容讓對方願意聆聽，也為了讓重點變得容易歸納，務必宣稱要點有「幾個」。

「總之重點有二。」
「今天預定討論的要點只有一個。」
只要像這樣告知要點的個數，對方便能掌握表達內容的全貌，一邊在腦中整理歸納，一邊聆聽你的說明。這點相當重要。
以前在我上課的課堂中，曾有位一旦在人前發言，就會變得極度緊張的學員。光是自我介紹他便滿頭大汗，即使我不斷指導他淺顯易懂的說明技巧，他依然說得結結巴巴。
這名學員笨口拙舌的原因究竟何在？經我仔細觀察後，我發現一個問題，就是他「沒有掌握個數」。**因為沒有掌握要點的個數，所以不僅遺漏想說的事，而且對方也感覺難以理解，漸漸顯得心浮氣躁**。結果，這名學員因此緊張起來，最後變得語無倫次。
於是我在這名學員開口說話前，先問了他一句：
「請等一下，你現在打算說的要點，共有幾個？」
「三個吧。」

先告知表達要點的「個數」，心態將變得從容自在

「那麼請你說出這三個要點。」

經過這番對話，他說的話突然變得讓人一聽就懂。

彙整想要表達的內容時，各位首先著眼的往往是「結論」。換句話說，就是會力求結論明確，對吧？**不過，即使自問：「結論為何？」有時依然無法毫不猶豫地作答。**

求學階段，國語（現代文）測驗中經常出現「主旨為何？」的題目。一被人如此詢問，我們總是不由自主地想得過於艱深，以至於答不出來。

既然如此，不妨換一種方式自問。為了導出結論，可思考一下：「（想要表達的要點）有幾個？」換句話說，就是得想清楚：「今天總共想表達幾個要點？」

其實，這和探索結論並無兩樣。只是每當我們被問及：「想要表達的要點有幾個？」往往會開始將存在腦中的資訊進行重點歸納。換句話說，自己的觀點將變成：「想說的要點相當多，總共能歸納成幾個呢？」如此一來，「下結論」也變得容易許多。

並非思考「重點為何？」，而是思考「重點有幾個？」；並非自問「懸而未決的事項為何？」，而是自問「懸而未決的事項有幾項？」

由於一心認為必須說出無懈可擊的內容，以至於心急到說不出話來，或是反而說得太多，搞得對方有聽沒有懂。**先思考要點的個數，藉此讓腦袋變得清晰且條理分明，如此才能說得讓對方一聽就懂**。

此外，對方向自己提問時，也是同樣的道理。如果無法以Yes／No回答的問題，或是答案不只一個，只要「先說個數」，而不是「先說答案」，後續將能順利作答。

「這項商品的賣點為何？」→「這項商品的賣點有○個，就是△△和▲▲。」

「你認為這項方案不錯的理由何在？」→「理由有○個，就是◇◇和◆◆。」

一旦先說結論，往往立刻說出率先想到的內容。

如果結論只有一個，這麼做倒也無妨，不過，要是結論不只一個，恐怕說完第一個結論後，其他則講得七零八落，例如：「還有這一點，另外那一點也很重要。」

基於此故，最好先探查「表達要點的個數」，然後告知對方這個「數字」。

分發所屬單位的新進人員進行自我介紹時

✕

我是六月起被分發到宣傳部的新進人員田中。研修期間，曾到各個部門實習體驗。企劃部和製作部的同仁，對於創作商品無比自豪，十分令我佩服。此外，前往各門市實習時，曾聽到客人表示：「我想買電視廣告中的那一款。」這讓我深切感受電視廣告的影響力果然無比強大。想當然耳，來到宣傳部實習時，我也學會了許多事物，同時深刻領悟必須充分傳達商品的特色。

POINT

- 如果逕自說個不停，最後將令人不知所云。
- 「各個」、「無比」等含糊籠統的措詞一旦過多，表達的主旨也隨之曖昧不明。

○

我是六月起被分發到宣傳部的新進人員田中。研修期間，曾到各部門及各門市實習體驗，**學習到的重點有三**。

第一點是企劃部及製作部的同仁，皆秉持高度自豪投入商品的創作；第二點是電視廣告對於顧客的訂購，具有強大的影響力；第三點是宣傳的職責，就是得將商品的內涵傳達給外界。

POINT

- 先告知對方表達要點的個數。
- 腦中思緒有條不紊，說明也變得簡潔精闢。
- 盡可能把「含糊的措詞」轉換成具體的說法，正確傳達內心思維。

16

步驟3 告知要點・結論

即使說明不足也無妨的一句話

告知主題及要點的個數，讓對方做好聆聽的準備後，立即說出「結論」。如同第六十一頁起的整理說明，活用「十五秒原則」明確歸納，就是「擬定結論」的關鍵重點。

進行表達時，一旦附上「主題」、「個數」、「結論」，將如下所述：

「接著為各位說明對一般家庭的家計而言，負利率將帶來哪些影響。【主題】重點有三。【個數】

目前的影響包括：(1)存款利息較低、(2)房貸利息較低、(3)保險商品利息較低，共計以上三點。【結論】」

各位感覺如何？雖然說明相當簡短，但卻足以理解「表達內容的全貌」。**在場的聽眾肯定心想：「接下來大概會朝這個方向進行闡述吧。」進而做好「頭腦的準備」**。這正是讓聽眾得以一聽就懂的捷徑。

然而，如此言簡意賅的表達，其實並非易事。

常聽人說「先說結論」，而且認為這個觀點十分重要的人也不在少數。不過，能夠落實「先說結論」的人其實不多。個中原因就是一旦只說「結論」，說明將變得不夠充分。

假設要在營業會議中表達自己的看法。要是光告知結論：「我認為B案比較好。」說明往往略嫌不足。

這時，在場的人恐怕會不禁質疑：「為何有此想法？」、「另外還有A案和C案，這兩個方案行不通嗎？」

想必最後的結果，應該是慘遭圍剿吧。

過度害怕遭人吐槽，事先防堵對方的質疑及反駁，往往以長篇大論加以說明：「雖然另外還有A案和C案，不過我發現這兩個方案各有這樣的優缺點，因此最後選擇B案。」

然而，說明一旦變得又長又複雜，真正打算表達的想法「我認為B案比較好」，將更不容易讓對方理解。

針對採用這種做法的人，我有個值得推薦的訣竅，那就是**先加一句開場白：「就結論來說……」**

只要加上這一句，對方將能理解「稍後會詳細說明」，進而不急著吐槽。

打個比方來說，如果聽到以下的行銷話術，各位有何感想？

「這項新商品『清爽茶』可有效抑制中性脂肪的增加，實際讓三百名二十～五十九歲的男女於餐前飲用這款茶飲，實驗結果證明中性脂肪減少百分之二十。由於有人反應味道苦澀，難以入口，因此特別摻入其他風味宜人的茶葉進行調配，大幅改良了茶飲口味，個人非常推薦。」

是否覺得重點太多，難以消化吸收？

這時不妨開頭先說一句：「就結論來說……」例如：

「就結論來說，這項新商品『清爽茶』可有效抑制脂肪囤積體內，十分推薦用來減肥。」

到此先暫停一下，然後繼續說道：

「這是經過～實驗得到的結果。此外還加以～，讓口味變得更好。」有關理由或補充資訊，只要像這樣於告知結論後追加說明即可。

總而言之，大家務必牢記「先說結論就好」。

17

步驟4・5・6 告知「理由」、「具體事例」、「結論」

完成TNPREP法則

告知「主題」、「（表達要點的）個數」、「結論」後，對方腦中備妥的水桶，應該裝滿半桶水了。接著就來裝滿整個水桶吧。

針對為何得到這個「結論」，只要陳述「理由」和「具體事例」，便能增加說服力。在此**所謂的「理由」，就是前述「結論」的根據**。就算說明得有些錯綜複雜，由於對方已確知「結論」為何，因此他們的腦袋應該不至於亂成一團。

打個比方來說：

「最近的情人節，閨密之間互送巧克力的情形有增加的趨勢。」

假設「結論」如上所述。

至於「理由」為何，如果提出數據、實驗結果、實績等客觀事實如下，說服力將大幅提升：

「根據某零食製造商於二〇一三年實施的調查結果顯示，十～二十九歲女性的巧克力贈送人選，『閨密』以大約七成占比獨占鰲頭，遙遙領先『男友』（約四成）及『打算告白的男性對象』（約一成）。」

接著**要列舉的「具體事例」，也得附上補充・補強結論的資訊。在此有個重點，就是這個事例必須足以證明結論的正確性**。

「巧克力賣場中，女性顧客大排長龍。」

類似這樣的描述，應該無法補強「結論」吧，因為說不定人龍當中的女性，大部分是為了男性而購買巧克力。

「『友情巧克力』一詞相當流行。」

「據說去年東京都各地都有舉辦各自帶著巧克力參加的閨密趴。」

如果列舉這類事例，將能成為支撐結論的強力佐證。

最後還有一個重點，就是「結論」。**為了做出總結，必須再次重申「結論」**。

只要遵循TNPREP法則逐一說明，原則上應該能讓對方理解。不過，針對「理由」和「具體事例」，要是耗費太多時間、篇幅說明，或是描述得過於深入，有時反而導致對方只顧著聽這些內容。即使特地說明得淺顯易懂，對方可能依然冒出一句：

「內容相當有趣，不過究竟主旨為何？」

要是之前的說明全被忘得一乾二淨，簡直就是白忙一場。

這時，務必在最後加上一句：

「因此，今天要向各位表達的就是〇〇。」

透過再次重申「結論」，將能喚醒對方的記憶。

這個收尾的「結論」，與一開始告知「主題」一樣，都是關鍵重點。為了不讓你的說明付諸流水，切勿忘了最後再下點工夫。

18 嘗試以TNPREP法則整理表達內容

不再讓人質問：「究竟想說什麼？」

舉凡簡報、**行銷話術**、**會議發言**、**撰寫報告等**，**各種商務場合皆適用TNPREP法則**。

在此以序章第三十五頁所舉的範例，試著重新整理「難以理解的行銷話術」。

「今天前來造訪，是想向您推薦一套方案，不僅貴公司委託翻譯的合約書或使用說明書得以更快交件，即使專業性極高的文件，也能因應處理。【有利於對方的內容（扣人心弦）】

可以為您介紹從四月份開始的全新翻譯服務嗎？【主題及步驟確認】

重點有二：【個數】

（1）即使是需要緊急處理的翻譯文件，本公司也能迅速因應。（2）特殊語言及專業性內容，本公司都能因應處理。【結論】」

「至於為何能做到這種程度，依照前述重點的順序說明如下：（1）本公司已架構線上接單系統，能二十四小時隨時接單及交件。（2）本公司旗下有多位特約譯者，可翻譯的語言，除了貴公司出口大宗的亞洲地區外，還包括歐洲、非洲等共五十種語言。此外，本公司還與經營專業領域的翻譯公司攜手合作，因此如果有專利或技術文件需要翻譯，都能向本公司洽詢。【理由】

以往的翻譯服務，無法於櫃檯人員下班時間接單，損失不少可以活用的時間，不過今後只要於線上下單，即使夜半時分，譯者也能收到原稿。事實上，已有其他公司利用本套全新服務，相較於過去，交件時間平均提早了十小時左右。【具體事例】」

「有關本公司的新服務：（1）即使是需要緊急處理的翻譯文件，本公司也能迅速因應。（2）特殊語言及專業性內容，本公司都能因應處理，本次就介紹如上。對於從事作業機具出口的貴公司而言，本公司必能提供符合需求的服務，敬請考慮採用。【要點】」

各位感覺如何？只要把表達內容整理成這樣，按理來說，即使沒花太多時間介紹，也能讓對方理解概要，進而更加容易判斷是否採用這套服務。

雖然TNPREP法則為再簡單不過的「模式」，但是效果絕佳，應該能讓口頭或書面表達變得淺顯易懂許多。

熟能生巧，要是有機會於業務洽談或會議場合發言，請務必試用看看；撰寫報告、電子郵件時，不妨重新檢視內容架構是否符合TNPREP法則。除此之外，**聆聽他人所言或閱讀他人文章時，也能依照TNPREP法則的順序重新排列組合，藉此整理思緒**。

一旦能說明得讓人一聽就懂，對方的反應也將截然不同。自己的意見有人專心聆聽，或是給予肯定的切身感受，可為自己帶來極大的自信，而這份自信，將使你的說服功力更上層樓。

向主管報告客訴原委時

×

昨天有位客人怒氣沖沖地在電話中咆哮，對方怒斥：「叫你們店裡的太田過來接電話！」由於太田先生不巧休假，我原本打算讓他事後回電，結果這位客人隨即開始抱怨商品A買回去不能用，一直碎念了半個多鐘頭。

最後我暫且告知對方將與主管商討後再回電，然後硬是掛上電話。

POINT Ⓣ先表明**主題**為「客訴」。

POINT Ⓝ寫出表達要點的**個數**。

POINT Ⓟ做出**結論**。

○

昨天有一通客訴電話，對方要找不巧休假的太田先生，由我出面代接。我想了兩個因應對策，請容我與您商量一下，因為太田先生今天依然休假沒來上班。

客訴內容是購買商品A的客人要求退貨及退款，據說原因是蓋子無法打開。

我是否應該向管理部提出客訴處理的申請？還是先通知客人立刻過來辦理退貨為宜？請給予指示。

POINT Ⓟ**確認結論**。

POINT Ⓔ說明**具體原委**。

POINT Ⓡ寫出需要商討的**理由**。

練習C——請一邊參考第八十三頁的TNPREP法則圖表，一邊針對練習A所寫的說明，試著調整順序。

第3章

靠說明讓對方心服口服的「咀嚼力」

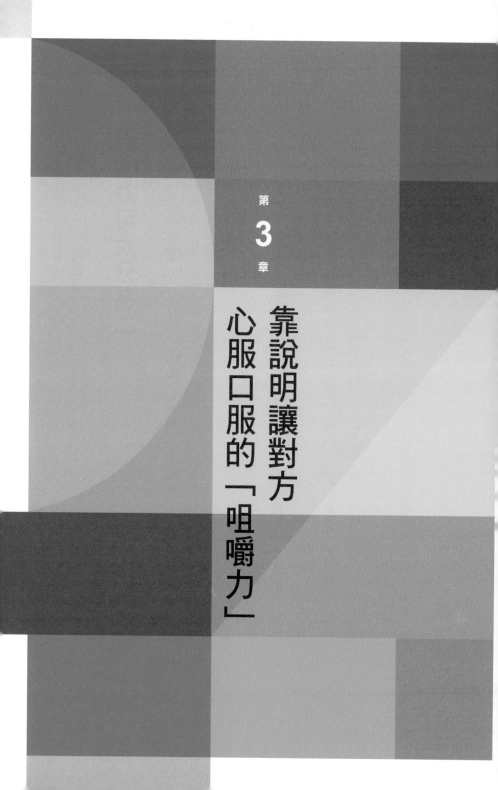

19 咀嚼力可大分為二

讓說明「淺顯易懂」，然後「轉換」成對方理解的說法

有關「緊扣對方心弦的方法」，以及「整理表達內容的方法」，已分別說明於第一、二章。即使已完全學會這兩項技巧，要是遣詞用字過於艱澀難懂，仍會減緩對方的理解速度。

製造商的技術人員向營業部說明新商品的性能時，要是滿口機械用語，將讓人聽得一頭霧水；搞不懂電器用法而電洽客服中心時，要是客服人員一味使用專業術語，結果將會如何？

品嚐口感較硬的食物時，為了讓腸胃容易消化，會用牙齒咀嚼吧。同樣的道理，針

對腦袋無法順利消化吸收的說法——艱深言辭、專業術語、對方不懂的用語等，如果能為對方「咀嚼」，對方將能輕鬆理解。

這種咀嚼動作，可分為兩個階段。

第一個階段以力求對方理解為目標，將艱深的言辭換成通俗簡單的言辭，讓內容「淺顯易懂」。

當我還是職場菜鳥時，公司前輩曾交代我：「先向資系申請核准。」當下的我滿腦子都是問號。

隨著漸漸熟悉公司業務，我終於理解資系＝資訊系統，亦即「資訊系統部」的簡稱，不過頭一次聽到時，我真的是一頭霧水。如果一開始能為我說明一下，至少完整說出「資訊系統部」，而不是使用簡稱，我應該能立刻理解。

除了簡稱之外，摻雜片假名語（以片假名標示的用語）、漢字等的辭句，也較難理解。只要牢記易懂言辭的變換訣竅，並勤加練習，任誰都能學會如何把說明「變得淺顯易懂」。

至於**第二個階段則是「轉換」**。

冒昧請教一下，大家知道「ESTA」嗎？如果是熱愛旅遊的人，或許看過這個英文。

接下來我以兩種方式說明「ESTA」，各位認為哪一種說法比較淺顯易懂呢？

①登入美國政府架設的專用官網，輸入護照號碼、目前地址、年齡等資訊，然後以信用卡支付十四美元便可取得。

②總之就是類似簽證的旅遊許可。

雖然①的資訊十分正確，但是就容易理解的觀點而言，肯定是由②獲得壓倒性的勝利吧。

將大家不大熟悉的「ESTA」轉換成本來就知道的「簽證」，不僅讓人一聽就懂，就算說明相當精簡，大家也能覺察到這是「出國時必須申請的旅遊許可」。

像這樣**把生疏詞彙轉換成「同於你所知道的○○」，正可謂「咀嚼」表達方式**。

20

咀嚼力第一階段1 拆解言辭

變換感覺艱深的言辭

那麼，馬上就來練習「咀嚼」吧。

一般而言，言辭有「多數人感覺艱深」及「多數人認為簡單」之分。首先得**捨棄「多數人感覺艱深的言辭」，改用「多數人認為簡單的言辭」**。

打個比方來說，**感覺艱深的言辭中，有一種「代表動作的名詞」**，例如：「變動」（改變）、「學習」（學會）等。雖然這些言辭皆代表動作，但實際上，詞性卻屬於「名詞」。如果使用太多這類言辭，辭句將趨於生硬，無法讓對方一聽就懂。

像這類的名詞，如果直接改用代表動作的動詞，對方將比較容易理解。

下述例句都是常見於報章中的生硬辭句，不過把名詞改為動詞後，瞬間就變得淺顯易懂許多。

●大幅度的需求變動導致混亂→需求大幅改變，因而導致混亂

●今後英文會話的學習將變得更加重要→今後學會英文會話，將變得更加重要

●調查消費者的購買動向→針對消費者都買些什麼，展開調查

●銀髮族的喜好商品→銀髮族偏好的商品

除此之外，**舉凡「○○化」、「○○性」、「○○型」之類的接尾語，也是讓人感覺言辭頗為艱深的主因之一**，這些詞彙同樣能經由「咀嚼」而軟化。

比方說**「○○化」為代表狀態變化的詞彙，不過可將「○○化」改說成「變為○○」**。例如：

●睽違十期終於黑字化→睽違十期終於變為黑字

●受到少子化的影響→受到兒童人數變少的影響
●讓業務流程透明化→讓業務流程變為透明可見

其次，「〇〇**性**」**具有**「**源自〇〇**」、「**屬於〇〇**」**等**「**性質**」**的含意**。由於「〇〇性××」或「××的〇〇性」的用法並不少見，**不妨改為**「**××就是〇〇**」，**以拆解主詞和述詞的說法進行表達，將讓人一聽就懂**。例如：

●以植物性來源的成分製成→以由植物萃取而得的成分製成
●系統的脆弱性為原因所在→系統過於脆弱為原因所在
●表現的多元化就是文化→表現多元就是文化
●學歷的有意義性令人懷疑→學歷是否具有意義令人懷疑

至於「**〇〇型**」，**則具有**「**如〇〇一般**」、「**像極了〇〇**」**等含意，代表**「**性質**」。這種說法原本用來描述模糊的狀態，但最近還遭到濫用，連「說服型辭句」（具有說服力的辭句）、「雜誌型行銷策略」（如雜誌一般的行銷策略）等表達方式也時有所見。

一般認為任何詞彙只要加上「型」，對方便能充分理解，然而，並非所有狀況都適用。畢竟這種說法原本就偏於籠統概略，因此對方的理解也會變得含糊曖昧。**針對「〇〇型××」的說法，不妨同樣拆解成「如〇〇一般的××」或「××就是〇〇」，更能讓人一聽就懂**。例如：

●未來型空間→如未來一般的空間

●多元型機能→機能相當多元

●時間型優勢→就時間的觀點而言，具有相當優勢

順帶一提，有關「〇〇型」的說法，據說起源為英文傳入日本時，「fantastic」、「systematic」等單字中的「tic」，一時找不到適當的日文來表現，於是以「型」代表「像極了〇〇」的含意。就語源而言，「〇〇型」一樣是「含糊籠統的詞彙」。

21 咀嚼力第一階段2 禁用英文．片假名語

不可採用自己無法說明的詞彙

平時的會話中，也經常用到英文或片假名語。例如taxi（計程車）、TV（電視）、internet（網際網路）等，皆已成為慣用的英文單字，可直接使用無虞。

不過，想必當中也有「不大清楚字義為何卻照樣使用」的單字吧。如果使用者本身不大清楚字義為何，對方應該無法理解，而且還有可能會錯意。

一旦使用片假名語（外來語或外國人名、地名的表示法），對方自認為理解字義，但事實上不懂其中含意的人反而居多。

好用片假名語的人，通常會接二連三地脫口而出，因此聽眾「似懂非懂」的狀態將逐漸累積，最後變成有聽沒有懂。

假設聽到下述這段話：

「在此wrap up今天的meeting agenda。當今講求具有speed感的decision making，必須重新檢視本公司的core competence，進行drastic的業務改善。請各division再次確認業務的priority，full commit核心project。此外，team member的empowerment與knowledge共享也是重要的課題。請各自將以上總結share給今天缺席未到的人。」

即使把這段話「share」給其他人，想必大家對於接下來該做些什麼，也無法產生具體的概念，最後只能抱著「似懂非懂」的感覺不了了之。

基於此故，切勿使用英文和片假名語，務必以純中文進行表達訓練。

用於這段話當中的英文，全部得以改成中文如下：

●meeting→會議
●agenda→議題
●wrap up→總結
●有speed感→快速
●decision making→決策
●core competence→完全優於競爭對手的強項
●drastic→徹底的
●division→部門
●priority→先後順序
●project→計畫
●full commit→秉持責任著手執行
●team member→部門人員
●empowerment→潛能開發
●knowledge→知識

●share → 分享

接著就以這些中文詞彙，試著重寫前述那段話吧，順便把辭句潤飾得盡可能通俗易懂一些：

「在此總結今天的會議議題。當今講求快速決策，必須重新檢視本公司的強項，進行徹底的業務改善。請各部門再次確認業務的先後順序，秉持責任著手執行核心計畫。此外，部門人員的潛能開發與知識共享也是重要的課題。請各自將以上總結分享給今天缺席未到的人。」

使用英文或片假名語，有時候的確比較方便。不過，這時務必克制自己，下定決心

「絕對不用」小學生看不懂的英文‧片假名語。

22 咀嚼力第一階段3 禁用簡稱，必須正確完整

對方的解讀未必相同

和「英文・片假名語」一樣需要特別留意的就是「不可使用簡稱」。

打個比方來說，「McDonald's」（麥當勞），在我成長的城市千葉縣被簡稱為「mc」，可是在大阪則被簡稱為「mcdo」。雖然兩種簡稱都是「麥當勞」，由於說法不同，有時會出現雞同鴨講的狀況。

千萬不能因為自己已耳熟能詳某個簡稱，就認為對方也做同樣解讀。由於使用簡稱很容易成為慣性，務必如下述一般，刻意恢復完整的說法：

- ●acce → accessary（配件飾品）
- ●supple → supplement（補給品）
- ●Starbu → Starbucks（星巴克）
- ●imatrai → image training（意象訓練）

除此之外，還得留意公司內部採用的「簡稱」。

我以前任職過的富士軟片，規定以「ＫＹ」代表「危險預知」（同樣如此定義的製造商似乎不少）。所謂「危險預知」，就是「事前預測可能發生的瑕疵或事故」，簡稱「ＫＹ」。

在公司內部會議中，經常聽到「這邊得強化ＫＹ才行」、「本次的問題癥結在於ＫＹ不足」之類的對話。由於「ＫＹ」屬於公司內部的共通用語，因此用於團隊內部討論毫無問題。不過，要是提交公司外部的資料中出現「ＫＹ」這個字彙，所寫的內容將令人困惑不解。

針對未曾把「ＫＹ」的意思視為「危險預知」的人來說，即使告知他們「ＫＹ不足」，恐怕也是雞同鴨講。

還有一種禁用的簡稱，就是自己創造的簡稱。偶而會看到讓人忍不住驚嘆「妙哉！」的原創簡稱，不過這些簡稱沒人看得懂。

以前，電視曾播過「smehara」及「育boss」的特別報導。光聽這兩個詞彙，大家知道是什麼意思嗎？

所謂「smehara」，就是smell（臭味）．harassment（騷擾）的簡稱，意指味道臭到造成他人困擾。

至於「育boss」，則是指體諒育兒的老板。這個詞彙似乎衍生自「奶爸」（育兒男），意指「針對男性職員或下屬參與育兒的做法，心存體諒的經營者或主管」。

如果事先如此說明，對方肯定能夠理解，然而，要是突然冒出一句：

「我想讓公司的工作環境變得更加友善，因此希望○○課長能成為育boss。」

這樣對方聽得懂嗎？

只要省略幾個字，便能以簡短的單字表達說來話長的字義。然而，針對不知道這個單字的人來說，卻是有聽沒有懂。

23 咀嚼力第一階段4 統一說法

反覆使用相同說法，切勿更換

猶記得兒時上國語課時，老師總是指導我們：「切勿重複使用相同說法，最好能變換一下。」撰寫作文時，往往被要求不得一再使用相同詞彙，務必變換其他同義詞，而且國語課本中的課文，也不斷出現「變換辭句」的字樣。

不過，**在商務場合中，要是以複數詞彙表達相同詞意，將使說明變得相當難以理解**。

我曾於外出洽公時，與對方進行分發物品．提交物品的確認。對方說明如下：

「分發給各位的物品，包括筆、問卷、黃色說明單，除此之外，還有詳述本次作業流程的資料五張。大家都把東西帶齊了嗎？（省略）那麼，最後請於表單中填入必要事項，再交回來給我。」

不過，當場有不少人都搞不清楚所謂的「表單」是指什麼，一臉困惑。

其實，所謂的「表單」，就是一開頭提到的「問卷」。如果對方的說法是：「最後請於問卷中填入必要事項。」大家肯定一聽就懂。

只要逐頁翻閱資料，便知道對方要求大家提交的資料為何。而且，對方原本就沒有提出十分困難的要求。然而，因為變換了說法，導致大部分的人都聽得一頭霧水。

只是變換說法，便讓對方瞬間無法理解。由此可見，務必徹底落實**「以相同說法代表相同事物」**。

24 無論如何都要使用艱深言辭的原因

自己的「一般用語」，真的一般嗎？

有關如何把片假名語等變得淺顯易懂，已說明如前。而同樣不好應付的遣詞用字，還有專業術語。「如果使用專業術語，對方將無法理解，因此不能使用專業術語。」想必大家應能認同這句話。

然而，聽取解說時，專業術語的出現頻率其實相當高，大部分的人往往心存不滿地抱怨：「由於內含專業術語，害我無法理解對方所言。」

換句話說，**雖然大家都覺得不該使用專業術語，但實際上卻照用不誤**。究竟是為什麼呢？

大致可分成兩個原因。

一、並未察覺那是專業術語

對於專業人士而言，專業術語屬於「日常用語」。由於自己平時都用這些用語，因此經常疏於察覺這些都是專業術語。

尤其要是平常只在極小的社群中與人交談，換句話說，交談的對象總是同一群人的話，將逐漸誤以為通用於「這個群組」的用語，就是「一般用語」。

舉凡系統工程師、程式設計師、技術人員等，這種傾向極為強烈。這些人往往和固定的成員，一起思考極為專業的主題或是一起工作。由於互動的對象也十分熟悉相同主題，因此這群人彼此對話時，極有可能使用專業術語，而且說不定以專業術語交談，他們反而更容易溝通。

二、只能以這種說法進行表達

明知專業術語難以理解，卻依然使用專業術語的另一個原因，就是有時會認定「唯有這種說法才能表達個中內容」。

內容愈具專業性，足以表達個中內容的說法往往愈有限。如果是一般用語，要變換幾種說法都沒問題，不過專業術語則是「一旦改變說法，意思也隨之改變」。

基於此故，最後只好抱持「明知不妥，但又沒有其他替代說法」的想法，使用專業術語進行表述。

結果，充滿專業術語，而且難以理解的說明就此產生。

下述文字為谷歌（Google）為了新型視訊會議系統所發表的一段說明。關於這是一套什麼樣的系統，必須具備哪些條件才能使用，各位是否有所理解呢？

「基礎軟體為谷歌服務共通的通訊軟體／視訊通話服務的谷歌環聊（Google Hangouts）。除了安裝這套系統的所有會議室，另外也能從筆記型電腦或智慧型手機，透過谷歌環聊的平台，同時參加上限為十五名的視訊會議。」

「與既有視訊會議系統的連結須使用Vidyo，如果要以舊型電話加入通訊會議，則可利用UberConference這項工具。」

「此外，由於利用的平台為Chrome OS和谷歌環聊，因此透過無線方式real time分享與會人員的電腦畫面、讓全體參加人員參閱document等，都能因應進行。」

由於我對視訊會議很感興趣，因此看了這份資料，不過卻產生一個疑問：「採用這套會議系統時，對方也得準備相關器材嗎？」連如此基本的事情都搞不懂，最後當然無法進一步深入探討。

與從事類似工作的人員對話時，就算使用大量專業術語也毫無問題。不過，如果情況屬於向外界說明，例如撰寫新聞稿、進行簡報、與缺乏專業知識的對象交談等，有時恐怕會產生溝通障礙吧。

專業術語的確難以換成通俗易懂的說法。不過，**所謂「對方理解的說法」，未必非得是意思一模一樣的說法**。這時可比照換成通俗說法的做法一般，不對，**其實效果更棒的是所謂「轉換」的技巧**。

關於這項技巧，將於之後的章節詳細解說。

針對新型視訊會議系統進行說明時

✕

此外，由於利用的平台為**Chrome OS和谷歌環聯**，因此透過無線方式real time分享與會人員的電腦畫面、讓全體參加人員參閱document等，都能因應進行。

POINT

- 突然搬出專業術語，屬於外行人的對方也無法理解。
- 「real time」、「document」等英語也是令對方難以理解的重要因素。

○

此外，由於利用的平台為**谷歌開發的「Chrome OS」及語音通訊應用程式「環聊」**，因此透過無線方式，一邊讓其他與會人員看到自己的電腦畫面，一邊進行說明，以及讓全體參加人員參閱會議資料及會議記錄等文件……這些都能做到。

POINT

- 補充解釋「谷歌開發的」、「語音通訊應用程式」，藉此讓說明變得更加淺顯易懂。
- 透過具體描述，讓對方更加容易想像使用時的狀況。

25 話說回來，人們如何理解說法？

了解「心像」和「基模」

具體說明「轉換」之前，先和大家聊聊人們理解說法時的機制。

東京大學名譽教授畑村洋太郎先生曾在自身著作《直觀式數學》中描述如下：

「人們腦中事先存在類似個人『思考脈絡』的模板，而所謂的理解，就是外來事物完全符合這個模板的狀態。」

以第一百一十八頁的「ESTA」為例，腦中事先存在的模板為「有時出國需要類似簽證的許可證」，而「ESTA即類似簽證」的說明，正好讓「ESTA」符合模板中的定義，因此得以理解何謂「ESTA」。

換句話說，轉換成對方理解的說法，就是要讓說法符合對方腦中的模板。

另外還有一個重點，那就是**「存在腦中的模板因人而異」**。

大家知道嗎？當說法以資訊的形式進入人腦時，其實人們並非透過文字列進行理解，而是先將文字列轉換為圖像後，才予以理解。

基於此故，感覺十分陌生，而無法轉換為圖像的說法，根本不可能理解。**在認知心理學中，通常稱這類轉換後的圖像為「心像」**。

此外，將說法轉換成圖像時，腦海中會同時浮現聯想資訊。**這些聯想資訊一般稱為「基模」**。

打個比方來說，如果聽到：「我準備了攜帶方便的水果去遠足。」腦中浮現香蕉圖像（心像）的人，應該占大多數吧。同時，從香蕉聯想到的資訊（基模），也會浮現腦海之中，例如：「沒有刀子也能剝皮」、「不含籽，容易食用」。

這時，如果對方拿出蘋果和刀子，自己將滿頭問號吧。不過，世上認為「蘋果不易壓扁，方便攜帶，很適合帶去遠足」的人，也不能斷言絕不存在。

人們「理解」說法的機制

●一旦得到外來資訊，便會建立「心像」
＝完全陌生的說法，無法形成「心像」

我準備了攜帶方便的水果去遠足。
說法
心像
他說的是這個嗎？
提到香蕉的話……
雙雙浮現腦中，進而理解
不含籽
容易剝皮
基模

●隨著心像一起喚醒「基模」（聯想、固有概念）。

換句話說，**「淺顯易懂」的說法，將因不同的對象，而有迥然不同的正確答案。**認知這套理解機制，可說是「轉換」說法時的重點所在。

26

咀嚼力第二階段1 鎖定對象

要向誰說明？

接著就開始進行轉換說法的訓練。

請嘗試將以下詞彙轉換成其他說法，當作熱身動作。

①麥當勞

②iPad

只要大略回答：「總之就是類似〇〇。」不需要說明得十分精準正確。

首先得思考的是**要向誰說明**。

如第五十七頁所述，思考如何讓說明扣人心弦時，得先想像要「向誰」說明。請大家回想一下閱讀這個部分時的心得。

對象是主管的話，不能只想到「主管」，而是連對方的狀況都要一併考慮，譬如「外出前行色匆匆的主管」。除此之外，**對方的特質不妨也認真地列入考慮，例如「急性子」、「看不懂片假名語」**等。

如「前言」所述，我曾擔任晨間資訊節目《Tokudane!》常態列席的時事評論員，專門針對時事問題發表意見或進行解說。

《Tokudane!》的收視群分布極廣，由於播放時間為上午八點到九點五十分，因此也有不少家庭主婦和學生觀眾。

上班族、家庭主婦及學生的知識和常識天差地遠。即使上班族聽得懂，但家庭主婦未必理解時有所見。

此外，這個時段的家庭主婦應該正處於忙著做家事，或是忙到一個段落，稍事休息的狀態。與其說她們專心盯著電視看，其實也有一些人是邊做家事邊看電視，或是對著電視發呆。既然如此，如果不是讓人一聽就懂的說法，她們將無法理解。

前幾天，《Tokudane!》報導了日本舞繼承人問題鬧上法院的新聞。日本舞存在著各種流派，有些遭到除名，有些未被除名，為此各方吵成一團，問題變得相當複雜，難以掌握問題的本質所在。

於是**我提出一個看法：「總而言之，感覺就像遺產繼承吧。」**

想必大部分的觀眾，都不清楚日本舞的流派。

不過，如果是遺產繼承，不僅是和自己關係密切的主題，連續劇等也常有這類題材，因此腦中理應存在這方面的模板。

把說法轉換為「類似遺產繼承」，觀眾將能確切掌握：「原來情況如此錯綜複雜啊。」如此一來，大家應能就此豁然開朗。

接著再回頭思考剛才的熱身題「麥當勞」和「iPad」。表達方式的重點就是「轉換成對方知道的說法」及「採用總之和〇〇一樣的說法」。

一邊想像說明對象，一邊搜尋「對方一聽就懂的說法」

①**麥當勞**

漢堡店、咖啡廳、儂特利。

※儂特利不是麥當勞。不過，要是有人不知道麥當勞，卻知道儂特利的話，對這個人而言，儂特利將是最容易理解的說法吧？

②iPad

iPhone的放大版、沒有鍵盤的電腦。

各位覺得如何？請別畏懼遭人反駁「並不正確」、「嚴格來說根本不對」，先讓對方掌握大綱非常重要。

只要讓對方同樣覺得：「似乎是這樣耶。」之後再補一句：「不過嚴格來說也有不同之處。」這樣就行了。

即使一開頭就把不同之處交代得一清二楚，對方也無法理解。不妨先鼓起勇氣告知對方：「總之就和您知道的〇〇一樣。」

所謂「換位思考」，並不如出一張嘴那麼容易。

首先請試著想像說明對象的背景。對方的生活狀況如何？在公司裡負責什麼樣的工作？平常都看哪些電視節目或雜誌……提示處處可見。**把自己當作對方，連對方的立場和行為模式都一併設想，必能從中找到讓對方一聽就懂的說法**。

接著就來設定對象，進行「轉換說法」的練習。

首先挑選一個你在公司中使用的專業術語。然後以**「總之就是類似（您知道的）〇〇」**的表達方式，嘗試轉換成對方容易理解的說法。

如果說明對象為學生，你會轉換成什麼說法？

如果說明對象為從事其他行業的同學，你會轉換成什麼說法？

如果說明對象為老家的母親，你會轉換成什麼說法？

27 咀嚼力第二階段2 建立相同心像

使用正確說法，未必對方就能理解

無法向對方說明清楚時，常有人埋怨：「我明明做了正確的說明，都怪對方自己聽不懂。」

明明經過仔細調查，然後將正確的資訊告知對方，結果對方竟然無法理解，想必這種情形相當令人失望。不過，一味地主張自己正確無誤，只是作繭自縛。事先認清**「使用正確說法，未必對方就能理解」**極為重要。

我於二〇〇三～二〇〇四年任職賽博艾堅特期間，曾發生過一段小插曲。當時，網際網路的知名度已與日俱增，但仍有不少人極為陌生。我以網路廣告業務人員的身分，前往某間汽車零件公司拉廣告。

然而，那間公司並未架設網頁，於是我建議對方不妨先架設網頁。

我：「今後將邁入網路時代喔。」

社長：「是啊。」

我：「不過，貴公司還沒有架設網頁耶。」

社長：「是啊。」

我：「不妨先架設網頁吧。」

社長：「不用，本公司沒有這個需要。」

上述對話反覆了好幾次。雖然社長認同「今後將邁入網路時代」，但針對架設網頁，卻堅決表示不需要。而且社長的態度並非「不想被推銷奇奇怪怪的商品」，而是一臉嚴肅地拒絕：「本公司沒有這個需要。」

洽談過程中，我察覺對方可能有所誤解，於是將我帶去的電腦打開，讓社長瀏覽「雅虎」的首頁，同時問道：「莫非您想像的網頁是這個？」結果社長答覆：「對啊，所謂網頁就是指這個吧？」

這位社長似乎以為網頁＝「雅虎」的搜尋引擎服務。我一提到「網頁」，社長的腦海中立即浮現「雅虎」的首頁。換句話說，當我建議：「不妨先架設網頁吧。」聽在社長耳裡，卻是：「貴公司也來經營雅虎吧。」

難怪他會表示不需要，畢竟他經營的是汽車零件公司。

就上述的例子來說，重點並非採用正確的說法。雖然我的說法無誤，完全是社長自己有所誤解，然而，只要社長腦中的印象錯誤，就會讓他誤以為真。換句話說，**務必「轉換」說法，讓對方擁有同於自己的概念**。

於是我絕口不提「網頁」一詞，而是改口：「我的意思是請貴公司製作可在電腦瀏覽的企業宣傳畫面。」

結果社長爽快地答應：「喔，木暮老弟，原來你說的是這個啊。我本來就打算做這

必須在對方腦中建立「相同心像」

- **有時相同說法也會形成「不同心像」**

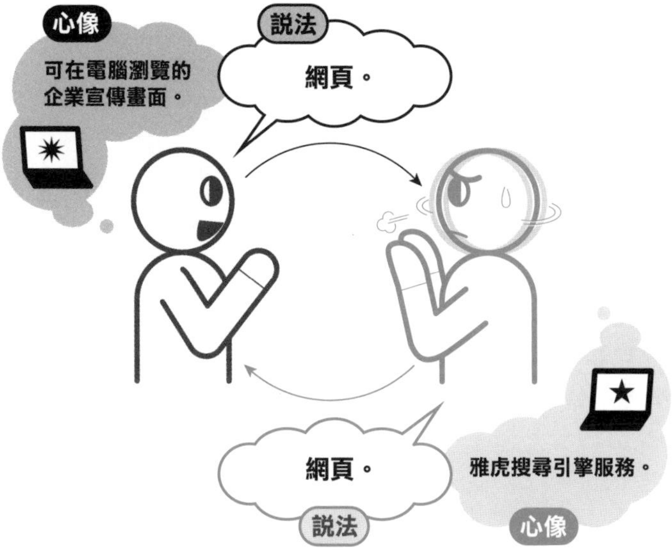

- **重點並非文字，而是「建立相同心像的說法」。**

使用正確說法，未必對方就能理解。

種東西了，聽說隔壁公司也有做。」最後終於順利完成網頁的架設。

不過，事隔數年，這位社長依然將「雅虎」稱為「網頁」。**由此可見，人們的心像是何等根深蒂固**。

所謂「明明說明得十分正確，為何對方無法理解」，根本就是彼此未對焦的結果，各位理解了嗎？與其計較這些，更該搞清楚人們的理解機制，然後思考必須採用什麼說法，自己和對方的心像才能一致。

28 咀嚼力第二階段3 讓基模一致

檢視與對方的認知偏差

假設向對方說明後，確認彼此擁有相同心像。這時即使覺得對方已理解自己的說明，也不能就此鬆一口氣。**就算雙方心像一致，由此聯想的周邊資訊（基模〔請參照第一百三十九頁〕）仍可能互有出入**。

在此以我個人的基模偏差為例。想必不少人都有投保車險，請大家試著想像下述狀況。

你於紅燈停車時，遭到另一輛車從後方追撞。在這種肇事原因不能歸咎於你，亦即俗稱過失比例十比零的狀態下，後續將如何發展呢？

畢竟發生車禍，因此立刻報警，然後通知保險公司前來處理，接下來就得進行保險金的交涉。肇事的一方，通常由簽約投保的保險公司出面，至於被撞的一方，則得自行面對因應。

保險公司的職責，就是當自己有所過失時，代自己出面交涉，同時支付賠償金。反之，要是無須支付賠償金，保險公司往往表示沒有他們插手的餘地。

如果遭到追撞，通常會受傷吧，搞不好傷勢還嚴重到得拄枴杖。儘管如此，依然得和肇事者的保險專家進行交涉。

保險的重要事項說明書中應有詳細說明，不過我依然逕自認定：「只要我發生車禍，保險公司當然會代我出面交涉。」其實這真是天大的誤會。

針對「車險」的心像，我和保險公司彼此一致。然而，我的基模是「只要我發生車禍，保險公司就會為我處理」，而保險公司的基模則是「要是發生肇事車禍，則出面處理」，雙方並不同調。

讓雙方基模（由說法聯想的周邊資訊）一致

●要是對方抱持不同基模，將無法理解

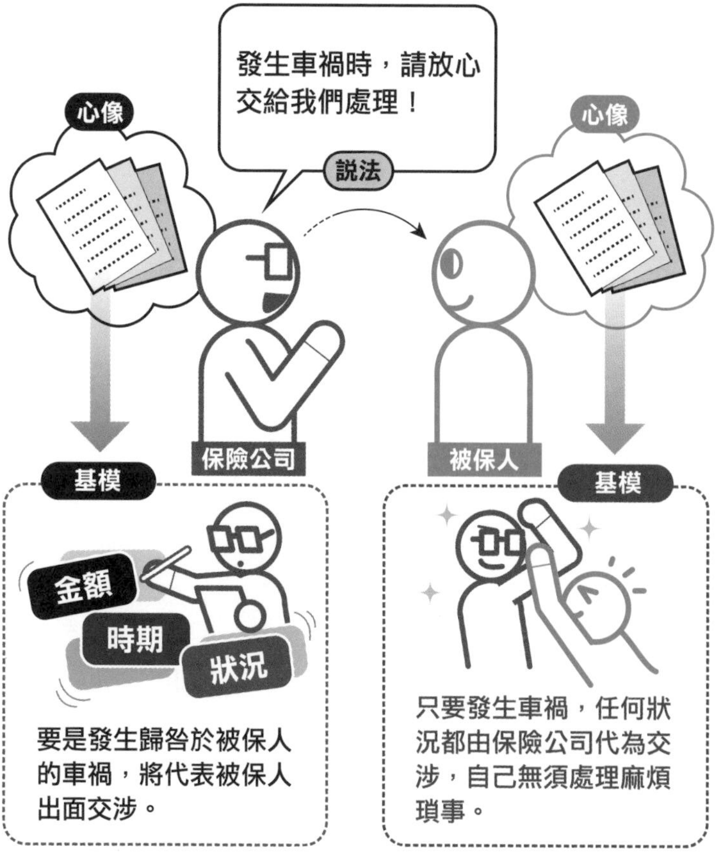

要是發生歸咎於被保人的車禍，將代表被保人出面交涉。

只要發生車禍，任何狀況都由保險公司代為交涉，自己無須處理麻煩瑣事。

如果雙方的認知偏差至此，光靠約略的說明，根本無法理解。簽約投保時，這種認知偏差並不會浮現，通常都是實際發生車禍時才恍然大悟，進而引發糾紛。

由此可見，**進行說明時，必須明白大前提為對方與自己的認知有所出入，然後再據此選用適當的說法**。

要是說明的對象為保險公司的同事，或許彼此基模一致；如果換成申請投保的客人呢？即使同為客人，舉凡頭一次投保車險的人、以前投保過其他險種的人、曾經發生車禍的人等，不僅每個人的基模各不相同，對他們說明時的遣詞用字，也得因人而異。

練習D——請再次檢視練習C重新排列過的說明，如果另有得以變換的通俗言辭，或是咀嚼後更加淺顯易懂的表達方式，請進行修改。

第4章

以最簡短精練的說明，磨練「驅動他人的能力」

29 說明到讓對方得以「完整重現」

明明已交代說明，為何對方毫無動靜？

每當舉辦以「說明」為主題的研修時，常常遇到為了自己說的話沒人能懂而煩惱不已的人。

一旦進一步了解他們的煩惱，得到的答案往往是：「明明說明得非常詳細，對方的反應卻不若預期。」尤其在商務場合中，舉凡行銷、指導下屬、公司內部聯繫等，所做的說明多半是為了驅動對方，因此要是對方毫無動靜，的確是相當頭痛的問題。

雖然各種形式的了解，皆以「理解」一詞泛稱，其實，**「理解」可拆解為三個階段**。

頭一個階段是掌握說明內容的過程。這為理所當然之事，要是無法掌握對方所言，絕不可能有所理解。至於以對方得以掌握的說法傳達資訊的技巧，則如前述章節所述。

然而，所謂「理解」，並非只要充分掌握就無後顧之憂。

下一個階段為「認同」的過程。

「雖然我了解主管所言，不過聽了很火大，真討厭。」要是下屬萌生這種想法，就算理解說明的內容，後續也不會採取任何行動。

最後還有一個階段，就是「完整重現」說明的內容。

人類無法光聽一次，就如電腦一般永遠記住不忘。

根據德國的研究結果，人類針對曾經記起來的資訊，隔天就會忘記百分之七十四。換句話說，就算當事人自認牢記在心，其實仍然遺漏約四分之三的內容。即使確實掌握且認同說明的內容，要是有所遺忘將毫無意義。

基於此故，向下屬詢問：「還記得昨天說明的重點嗎？」要是對方只答「記得」，那可不行。

如果詢問下屬：「還記得昨天說明的重點嗎？」對方的回答必須顯示他得以獨力完

整重現交辦事項，例如：「昨天的重點是○○○，我得著手進行的是△△△吧。」

唯有具體到這種程度，才代表下屬「真的懂了」。

然而，小看這種「完整重現」過程的人不在少數。

要是認為只要說明一次就能讓人理解，對方肯定毫無動靜；要是同樣的說明還得反覆數次，最後將造成時間的浪費。

提出說明的一方，切勿認為「都怪忘記的人不好」，必須下點工夫讓對方明白重點，並能完整重現。

想當然耳，這時的說明絕不能長篇大論。為了讓對方易於完整重現，說明務必盡可能簡短，而且訴求淺顯易懂。

因此，要求對方時，訣竅就是得將內容彙整得讓人一聽就懂，同時徹底避免令訴求難以理解、含糊不明、引發誤解等的表達方式。

以最簡短精練的說明驅動對方，正是本章的終極目標。

分成三個階段思考「理解」

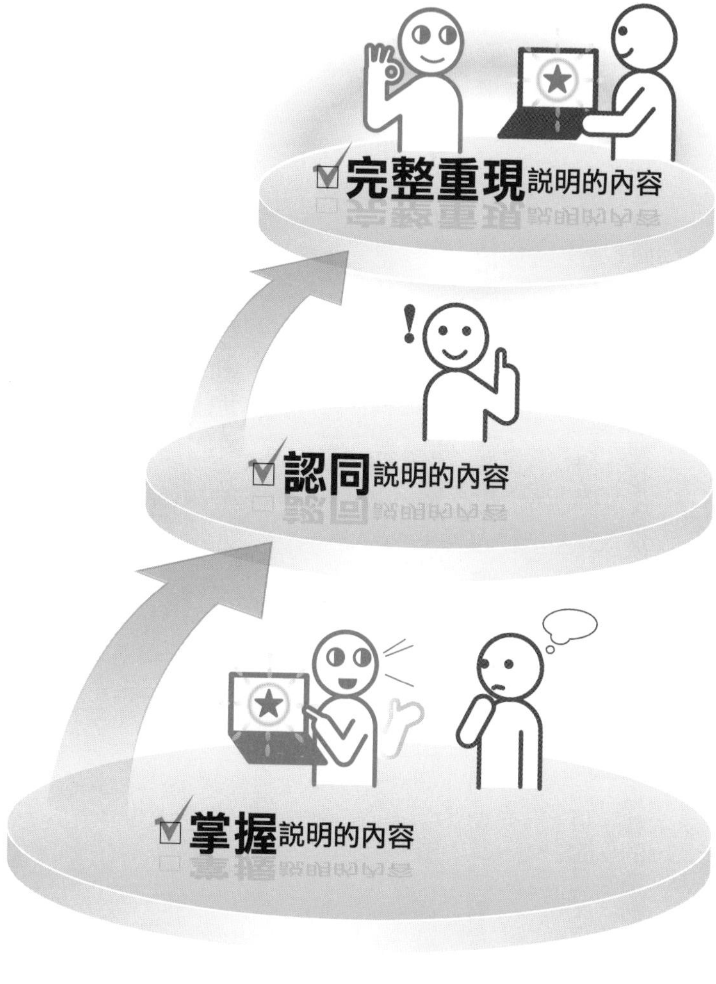
完整重現說明的內容
認同說明的內容
掌握說明的內容

30 基於何故指正下屬？

難以理解目的的指示無法驅動他人

我以前待過的職場中，有一位不做任何說明，只是拚命糾正他人的主管。每當我埋頭進行某項工作，這名主管總是不看其中內容，劈頭責問：「喂，你這樣做對嗎？」要是我莫名其妙地反問一聲：「怎麼了？哪裡有問題？」他便直接轉身離去。

如果被主管糾正，通常會覺得必須檢討修改些什麼。要是自行猜測可能是某處有誤，於是著手修改的話，有時反而變得更加難懂，進而引發問題。類似這樣的情形其實並不少見。

現在回想起來，那名主管應該只是想告訴我：「執行工作得三思而後行。」反正他就是一個熱衷檢查他人文件的人。只要把文件交給他，最後往往被改成滿江紅。一旦答覆「是」，然後修改紅字部分，重新提出，整份文件一樣被改成紅通通一片，這樣的過程大約得來回四次。既然製作得如此慎重，大家或許以為這是相當重要的書面資料吧。其實，這只是公司內部的會議通知單、報告書之類的文件而已，結果卻如此大費周章。

到後來，我寫的內容漸漸走樣，最後根本看不出原貌，連這位動手修改的主管自己也跟著愈改愈混亂……總之他就是很想表達一些意見。

據說獅子的教育方式為先把幼獅推入谷底，然後要求幼獅爬上來，不過人類的情況並不相同。要是沒有明確指出對方哪裡不對、希望對方怎麼做，就算下再多指示，也只是徒然費時費工，而且還會累積彼此的壓力。

當今這個時代，**只講求毅力，卻不知目的為何的話，根本無法驅動他人。為了避免剝奪自身和對方的時間，務必迅速明確地表達訴求。**

31 抱持「希望對方自行察言觀色」的心態，將無法溝通

務必具體表達，而非單憑言外之意

受他人委託時，經常發生讓人很想提問如下的狀況：「……那麼你究竟想做什麼？你對我有何期待？」

由於日本具有希望對方自行察言觀色的文化，因此往往不會明說自己的訴求或請託事項，感覺十分曖昧不明。換句話說就是：「我不把話說完，你要自己察言觀色喔。」

雖然這是極富內涵的文化素養，不過唯有在雙方具有共通背景或默契的前提下，這種做法才行得通。

想法的溝通可分成以下兩種：

「脈絡溝通」（**透過脈絡進行傳達**）及 **「內容溝通」**（**透過內容進行傳達**）。

所謂脈絡溝通的概念，就是以前提認知為基礎，透過雙方默契及氛圍，力求想法的溝通。

打個比方來說，假設月底最後一個營業日的下午，業績目標達成率為百分之九十九點九。於是主管為下屬打氣：

「絕對要拚到最後一刻！」

想必下屬也會應聲答道：

「好的！我們絕對會拚到最後一刻！」

在這樣的互動中，完全沒提到什麼事情要拚到最後一刻？究竟該如何拚到最後一刻？不過，下屬全都明白主管所言為何，那就是：「雖然只剩幾小時，大家全力設法達成業績目標吧！加油！」

無須說明內容，單憑當場的脈絡・情勢，力求想法的溝通，就是「脈絡溝通」。這種脈絡溝通，在日本占有極高的比例。

不過，這樣的互動之所以行得通，是因為主管和下屬擁有某種共識使然，那就是「必須達成業績目標」的前提。

針對「必須達成業績目標」的課題，要是有人質疑「為什麼？」，便無法繼續對話。

就算主管喊得再大聲：「絕對要拚到最後一刻！」肯定仍然有人提問：「究竟是什麼事情要拚到最後一刻？」當然，個中原因並非此人屬於「缺乏幹勁的員工」，所以無法溝通。

畢竟要是缺乏「達成率百分之九十九點九和百分之百截然不同」、「取得最後的百分之零點一才代表本月成功」等共識，將無法理解「拚到最後一刻」所指為何。

另一種**「內容溝通」**，做法與「脈絡溝通」不同。如果再以剛才的例子做說明，「內容溝通」即為**「提出具體內容，以求想法的溝通」**。打個比方來說，這時主管將不再高喊：「絕對要拚到最後一刻！」而是指示下屬：「設法於今天傍晚五點以前，增加五十萬日圓的業績！請大家再次致電每一位既有客戶，全力推銷商品！」

就結果而言，只要下屬能夠理解主管的訴求，採用哪一種溝通方式都無所謂。

不過，仰賴前提和默契的脈絡溝通，今後恐怕愈來愈難以活用。

如果社會相當單純一致，脈絡溝通完全可行。

換句話說，就是「單憑言外之意進行表達」。針對無法理解言外之意的對象，便必須以具體的內容與其對話。

拜託對方調整餐敘日期及場所時

✕

下個月中旬前，小山商事營業部經理中田先生，以及他的下屬丸山先生、上田先生，將參加例行的白山飯店餐會，**麻煩安排一下**。不過，每次舉辦餐會的那間日本料理餐廳，要是人數增加，還訂得到包廂嗎……現在才訂的話，恐怕不容易訂到。但是小山社長打算下榻白山飯店，而且餐會結束後，他應該想要立刻回房吧。**可以請您設法調整一下嗎？**

POINT

- 只寫一句「麻煩安排一下」，搞不清楚具體上該做些什麼。
- 不清楚「設法調整一下」所指為何。

○

有關下個月中旬前與小山商事於白山飯店舉辦餐會一事，營業部經理中田先生，以及他的下屬丸山先生、上田先生也會一同出席，總計人數變成十位，**因此請調整日期，讓這三位也能參加餐會**。如果因為人數問題而**無法預約白山飯店的「吉亭」，請協助另覓飯店內的其他餐廳**。

POINT

- 正確表達「包含外加三人在內，重新調整日期」的需求。
- 具體指示「如果訂不到第一間備選餐廳，就另覓其他餐廳」。
- 而且限定「必須是飯店內的其他餐廳」，縮小備案搜索範圍。

32 靠氛圍傳達有所極限

關於麥拉賓法則的誤解

打算透過說明驅動他人時，應該著眼於「內容溝通」，而不是「脈絡溝通」。如果是善於運用氛圍溝通所有想法的達人，那就另當別論，不過通常沒人能成為這樣的達人。

關於這點，世上存在著天大的誤會。

曾有人說：「所謂溝通，透過語言（言辭）傳達的部分占百分之七。」溝通可分為「語言」（言辭）和「非語言」（表情、聲調、說話速度等）兩種層面。換句話說，就是有「語言傳達部分」和「非語言傳達部分」之分。

此外，我們一般接受的教育是：「透過語言傳達的部分，只占整體的百分之七。比較重要的是非語言的部分，因此不妨磨練一下非語言傳達的能力。」

然而，這根本是謬論。

話說回來，所謂「語言占百分之七」的理論依據，來自於美國心理學家麥拉賓（Albert Mehrabian）的實驗結果。

在這個實驗中，針對人類行為如何影響他人展開調查，據說結果如下：

- 視覺資訊占百分之五十五（外觀．表情．動作等）
- 聽覺資訊占百分之三十八（聲調．說話速度．說話方式等）
- 語言資訊占百分之七（語言本身的意涵．談話的內容等）

就是根據這樣的實驗結果，才會有人主張：「演說的內容只傳達了百分之七，剩下的百分之九十三全取決於外觀和說話方式。」

不過，**這個結果有一個先決條件，就是只限「語言」、「視覺」、「聽覺」彼此資訊矛盾之時**。例如：

●一邊怒氣沖沖，一邊說道：「全拜您之賜！」
●笑容可掬地說道：「我無法認同。」
●以自信滿滿的聲音答道：「那個……不大可能達到您要求的水準。」
當來自語言、視覺、聽覺的訊息並不一致時，哪個影響程度較大？實驗結果顯示：
●來自臉部表情等的影響，占百分之五十五
●來自說話方式等的影響，占百分之三十八
●來自語言本身的影響，只占百分之七
反之，**要是傳遞的訊息「具備一致性」，便無法套用這套法則**。例如：
●一邊滿臉笑容，一邊說道：「全拜您之賜！」
●板著一張臉說道：「我無法認同。」
●以似乎缺乏自信的聲音答道：「那個……不大可能達到您要求的水準。」
當傳遞的訊息和態度相互一致，將不再是「語言（文字）內容占百分之七」。隨著遣詞用字的不同，對方理解的內容更可能有所改變。麥拉賓法則並非主張任何狀況都能不靠語言，只憑聲調和臉部表情，就達到百分之九十三的溝通。

仔細想想，的確如此。

不說話就無法開會。

不說話就無法商量事情。

不說話就無法演講。

沉默的溝通，等於暗示對方：「請從我的表情和聲調揣測我想說的話。」通常進行想法溝通的場合，語言非常重要。說得更貼切一些，語言才是關鍵。

能夠毫無誤會地傳達內容的管道，說穿了還是語言。

33 為了不讓對方反問：「所以呢？」

想要表達的內容，務必說明得十分徹底

所謂讓對方一聽就懂，就是表達者的思維、希望，一律「淺顯易懂」。換句話說，連同「表達者的訴求」，都必須淺顯易懂地表現出來，否則毫無意義。

就算闡述得條理分明、頭頭是道，要是想表達的結論說得拐彎抹角，對方依然無法理解。因此，應有的心態就是**「有話直說」**。與其說這是表達技巧的問題，其實更屬於論究技巧前的「意向表達」問題。

如前文所述，當今的時代已由「脈絡溝通」，漸漸轉向「內容溝通」。打個比方來說：「你就自己看著辦吧，懂嗎？」這樣的說法無法讓對方理解；又比如說：「下雨

了……（能不能來接我啊）」這種說法也無法傳達真正的心思。

會議中，有人發言如下：

「顧客滿意度的調查結果，對我們公司的商品感到滿意的消費者，占全體的百分之四十五。」

此外，公司的業務人員中，知道這項調查結果的人不到一成。」

這番發言就字面意義來說，沒人聽不懂。不過，這充其量只是「狀況說明」，針對發言者究竟想說什麼，他認為這個狀況有何意涵，根本有聽沒有懂，讓人很想反問一句：「所以呢？」萬萬不可逕自認為只要說明狀況，對方就會理解。應該先闡明自己的目的，**然後把想要表達的內容，清清楚楚地說明到底**。

如果換成下述說法：

「顧客滿意度的調查結果，對我們公司的商品感到滿意的消費者，占全體的百分之四十五。這個數據已創下歷史新低，因此應該盡快尋求對策。

此外，公司的業務人員中，知道這項調查結果的人不到一成。想必同仁『對顧客漠不關心的程度』，正是顧客滿意度下滑的主因。看來同仁的心態改革，的確有實施的必要，對吧？」

如此一來，發言者的訴求將一清二楚。

此外，如果收到以下這封來自公司管理部的電子郵件，各位有何感想呢？

「預估明天將受颱風影響而交通大亂，公司同仁下班回家恐怕有所困難。」

想必大家很想問一聲：「我知道下班回家有所困難，所以要怎樣呢？」究竟是「因為下班回家有所困難，所以明天自己在家辦公」，還是「因為下班回家有所困難，所以得有心理準備」，搞不清楚管理部到底有何盤算。

「預估明天將受颱風影響而交通大亂，公司同仁下班回家恐怕有所困難。因此要自己在家辦公或提早下班都可以，請大家自行評估。」

如果能像這樣把「所以怎麼辦呢？」的部分都寫清楚，就不會產生誤會。

同樣的道理，**「請託事項」也得寫得清清楚楚**。

請參考以下「請託」例句：

「有關本週的例會，為了遷就會議室的預約時程，得比平常提早三十分鐘結束。」

如果沒有多加思考，可能就此回覆「明白了」，不過仔細想想，將發現不知訴求為何。

「會議時間得縮短三十分鐘，非常抱歉，請見諒。」

「會議時間比平常少了三十分鐘，切勿遲到。」

「請事先彙整一下想法。」

究竟哪個才是對方的訴求？實在令人不解。

如果想表達的意思是「請見諒」，由於沒什麼需要與會者特別留意的部分，因此應該無傷大雅。不過，要是用意為「請事先彙整一下想法」呢？必定也有沒事先做好準備，就來參加會議的人（看到這種寫法而事先準備的人，可能還比較少）。

然而，這時並不能責怪對方：「不是已經事先通知大家會議會縮短三十分鐘嗎？」

只要有事相求，就該直言無諱。

34

「請多多關照」的陷阱

「感覺隱約模糊」為一大禁忌

訴求含糊的商業書信時有所見。

工作上的電子郵件，最後以「請多多關照」結尾已成慣例。然而，大部分的狀況，並沒有什麼事情要請對方關照，而是以這句話代替「再見」，做為信件的「結尾用語」。

如果純粹當作「結尾用語」，倒也無傷大雅。不過，**真的有事得請對方關照時，大家該不會也以「請多多關照」或「敬請多多關照」做為結尾吧？**

各位如果收到一百八十三頁的電子郵件，會如何解讀信中所言？是否明白「提給對方的報價慘遭否決」？不但如此，最後一句「請多多關照」的含意也令人不解。

- 「那樣的金額未被核准，希望貴公司能重新報價。」
- 「如果進一步檢討提案內容，本公司有可能核發預算，希望貴公司能重新檢討企劃書內容。」
- 「這樣的報價令人無法接受，請貴公司就此作罷。」

對方的訴求應該是上述其中一項，但卻搞不清楚究竟是哪一項。

就算對方希望「重新報價」、「強化提案內容」，要是各位解讀成「看來對方要我們就此作罷」，於是不再提出報價單．提案書，這筆交易將就此告吹。

此外，對方的本意明明是「價格完全不符期待，沒得談了」，要是各位解讀成「既然報價過高，不如再費點工夫調整內容，重新報價一次吧」，結果將會不斷提出不識趣的提案。

如此一來，寄件人的感覺往往是：「那個人很煩耶，說了那麼多次，還是沒聽懂。」然而，收件人卻認為：「對方又沒明說。」

如此難以理解的遣詞用字實在不該。要是平時常和對方聯繫互動，或許對方能意會我們的訴求。不過，無法理解的可能性也相當高。

信件內容並不難懂，不過卻採用了非常「難以理解的表達方式」。說不定對方認為：「你也根據信中的氛圍稍微察言觀色一下嘛。」這樣的指正或許無誤，不過表達得更加明確，避免造成誤會，也是「身為社會人士的義務」。

千萬不能逕自認為單憑氛圍便能讓對方理解。如果有事拜託對方，務必直接說出希望對方有何作為。

單憑「請多多關照」無法傳達訴求

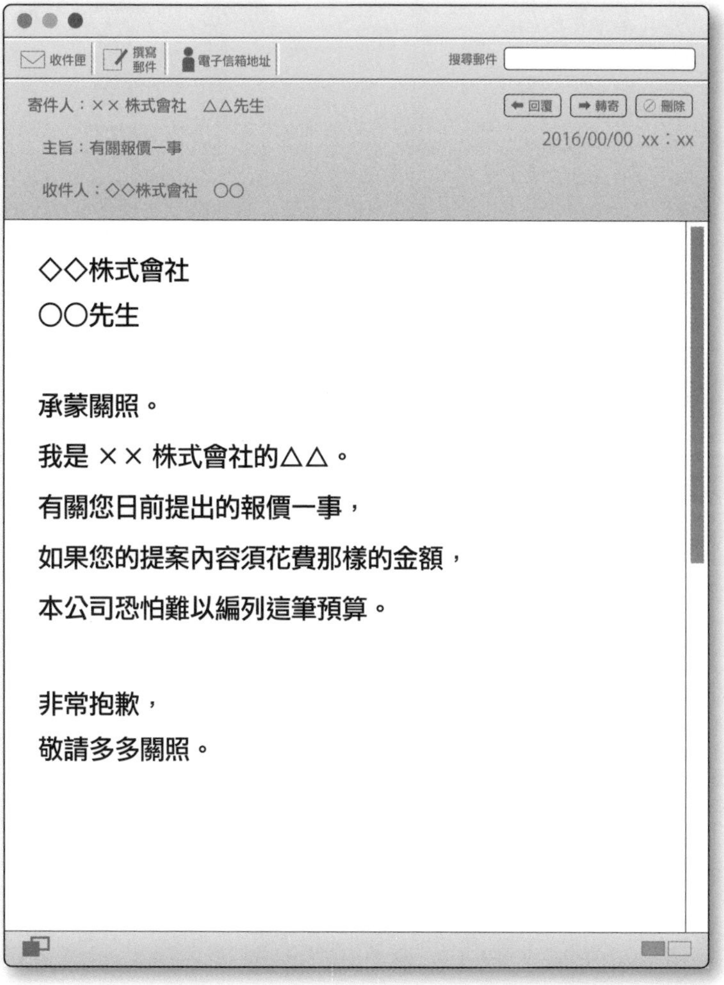
收件匣
撰寫郵件
電子信箱地址
搜尋郵件
寄件人：×× 株式會社　△△先生
← 回覆
→ 轉寄
⊘ 刪除
主旨：有關報價一事
2016/00/00 xx：xx
收件人：◇◇株式會社　〇〇
◇◇株式會社
〇〇先生
承蒙關照。
我是 ×× 株式會社的△△。
有關您日前提出的報價一事，
如果您的提案內容須花費那樣的金額，
本公司恐怕難以編列這筆預算。
非常抱歉，
敬請多多關照。

35

避免採用容易混淆的說法

務必顧慮周全，避免解讀錯誤

絕不能認為只要以相同詞彙進行表達，所有人的解讀都會一致。解讀有時會因人而異，**畢竟言辭的定義，原本就十分模稜兩可**。

比如「溝通」一詞。

常聽人說：「保持良好的溝通十分重要。」然而具體來說，「溝通」究竟所指為何，其實並不明確。換句話說，解讀因人而異。

針對「溝通」的定義，有些人單純解讀為「交談」，也有些人進一步認為是「互相交流想法」。此外，說不定還有些人聯想到複合詞「小酌溝通」，意指「相約小酌，互吐苦水或心聲」。

如此一來，就算擬定的目標為「改善公司內部溝通狀況」，每位員工採取的行動，勢必各不相同。

假設大家身為部門主管，同時接到經營層的指示：「請與自己掌管的部門成員加強溝通。」這時，大家採取的行動，應該會隨著指令的解讀結果而異吧。

認為「溝通」＝「交談」的A先生，不是在吸菸區積極地和部門成員聊天，就是和他們共進午餐。

認為「溝通」＝「互相交流想法」的B先生，隨即一一約談部門成員，聽取他們針對工作的想法和將來的目標等各種意見。

認為「溝通」＝「藉由聚餐小酌打造良好相處氛圍」的C先生，則拚命拉著部門成員四處小酌。

然而，經營層的用意，卻是「讓部門成員充分理解公司的願景」，三位部門主管全都誤解了經營層的指令。結果三人依自我解讀而耗費的溝通時間，全變成白忙一場。

之所以產生這樣的誤會，全因為說法「不夠具體」。如果採用明確的說法，說明「要做什麼」，就不會發生這種狀況。

那麼該怎麼做，才能讓說法變得比較具體呢？

就結論來說，只要遵循以下兩個原則遣詞用字，就能夠具體表達：

- **動詞：選用能具體展開行動的動詞**
- **形容詞&副詞：一律轉換為數據**

關於各自的用法，請詳見後續說明。

針對「溝通」一詞的解讀方式相當多元

36 驅動他人的表達訣竅1

選用能具體展開行動的動詞

光說「把事情辦妥」，無法驅動任何人

我們常用的動詞當中，有些並不代表具體行動的詞彙。例如：「把事情辦妥」、「妥善處理」等。這些都是商務場合中經常聽到的「動詞」。

然而，「把事情辦妥」、「妥善處理」之類的動詞，並不代表任何具體行動。基於此故，**解讀方式將隨接收指令的一方而異**。

即使被吩咐「把事情辦妥」，究竟是指履約交件，和分公司聯繫，還是確認庫存？要是指令不夠具體，恐怕不知從何著手吧。

像這樣採用解讀方式不只一種的說法時，**應該明確寫出得以具體展開行動的內容／**

預定達到的狀態。例如：

●七月十五日以前，將商品送交客戶。

●試算這項對策是否成效最佳，同時算出必要的經費。

●備足庫存，避免缺貨。

如果採用這樣的說法，應該就不會產生誤會了吧。

至於「妥善處理」也是同樣的道理，務必具體說明「處理」所指的內容為何。如果意指「用盡各種辦法，都要持續取得客戶的訂單」，可採用以下說法：

「為了持續取得客戶的訂單，不妨思考必須採取什麼樣的對策，並且付諸實踐。至於經費較高的提案，可屆時提出討論。本週內即著手進行。」

如此一來，接受指示的一方，將能立即展開下一步的動作。

只要對方能依照自己的規劃行事，就結果來說，不僅自己輕鬆許多，事情應該也能順利迅速地進展開來。

驅動他人的表達訣竅2

37 形容詞及副詞一律轉換為數據

讓自己與對方的想像一致

形容詞和副詞也是容易讓語意模糊的詞彙，**不妨一律轉換為數據，再進行表達**。

打個比方來說，假設以電子郵件對下屬做出指示：

「下週有一場人數眾多的會議，先把比較大間的會議室預留起來。」

然而光憑這些資訊，下屬無法理解就你的概念而言，大約多少人才算「人數眾多」，多大的會議室才算「比較大間」。如果是私人郵件等，對於內容的要求並不嚴格的信件，這種寫法倒也無可厚非，不過在商務場合中，所有的形容詞都應該轉換成數據寫出來。例如：

「下週有一場人數約二十五名的會議，先把足以容納三十人的會議室預留起來。」

如此一來，下屬便能依照你的想法著手準備。

副詞也得遵循這樣的原則。例如：

「明天的朝會將比平常提早舉行。此外由於參加人數增加，因此請多準備一些分發用的資料。」

即使被告知如上，還是搞不清楚「那麼得幾點參加朝會？」、「分發用的資料得影印幾份？」。

如果改為以下說法：

「明天的朝會將比平常提早十分鐘舉行。此外由於參加人數增加，因此請多準備二十份分發用的資料。」

這樣才能讓人一聽就知道該怎麼做。

大家不妨養成習慣於下達指示前，先檢視遣詞用字是否含糊籠統，並且思考該如何具體表達。只要勤加練習，最後定能做出精準正確的指示。

38 不開口就能驅動對方

激出自發性的頂尖絕招

關於讓對方一聽就懂，進而驅動對方的方法，已說明如前，不過，另外還有個讓對方變得自動自發，適合高手使用的方法。

我曾經任職於賽博艾堅特，這間公司的藤田晉社長，是個連開會都幾乎不開金口的人。雖然他不是在生氣，不過由於他向來不主動發言，一直沉默不語，因此社長室總是靜悄悄的。

結果與會者往往耐不住靜默的氣氛，紛紛主動發言，最後連尚未決議的事項也逕自表示「馬上著手進行」……這時藤田社長才終於開口說道：「嗯，我明白了，就這麼做

不開口就能激出對方自發性的頂尖絕招

吧。」

據說藤田社長還是個業務員時，業績就是全公司之冠，當時的他也是採用「沉默行銷」。

由於藤田社長不發一語，因此客戶開始天南地北地聊起來，最後自己脫口而出：「好啊，就這麼辦吧。」**利用保持沉默，可讓對方漸漸覺得自己似乎得主動做些什麼**。

不過這時有個重點，就是雖然藤田社長並未主動提出詳細指示，卻能讓對方具體說出應該做些什麼，然後再由他做出裁決。換句話說，「該做什麼」相當明確。

本章第二節曾提到我的另一位前主管，他總是在我事情做到一半時任意下達指示，導致我搞不清楚最終目標為何（請參照第一百六十四頁）。藤田社長和這名主管正好互成對比。

一旦形容某人善於驅動他人，多半認為此人是個以花言巧語誘拐他人的「騙子」，不過就算沉默寡言，也能驅動、誘導對方。

39 拜託女性時，必須先表達感謝，再提出請求

多費點工夫進行表達，掌握予人的印象

對象為女性時，如果採用同於男性的接洽方式，有時將遭遇挫折。

如第一百六十一頁所述，「理解」當中，包含認同的階段。

男性具有只要知道「做什麼」的結論，便會著手進行的傾向。相對於此，似乎**不少女性往往得先理解結論的緣由，否則無法認同並著手進行**。這時最好依照TNPREP法則步驟四，充分說明「這個結論正確無誤的理由」（請參照第一百零六頁）較為妥當。

不過，一旦引發對方的反感，就算理論再正確，也無法得到認同。設法讓女性心甘情願地豎耳傾聽，也是極為重要的一環。

村上春樹先生曾說：「**有話想說的時候，務必語帶感謝和期待。**」

每當我交辦工作給女性同仁時，我絕不秉持下達指示或命令的意識，而是待她們如義工一般。以電子郵件向她們拜託時，也會刻意先寫出「謝謝」。

此外，**和女性溝通時，「共鳴」十分重要**。

面對女性，我總是盡力表現得平易近人。撰寫電子郵件時，我經常使用「^^」等表情符號，另外也常在語尾加上讓語氣緩和一些的符號，例如「～」、「。。。」等。

相較於面對面交談，電子郵件給人的感覺往往偏於冷漠。就算懷抱約五十分的熱誠撰寫電子郵件，恐怕對方只接收到二十分左右。基於此故，要是投入的熱誠為零，對方的感受將倒扣為負分。

明明沒在生氣，卻被當作火冒三丈；明明很開心，卻被視為冷漠……應該設法避免這類誤解，並讓對方充分理解自己的訴求為何。因此，**撰寫電子郵件時，務必刻意保持高度的熱誠**。

40 糾正他人時的要領

避免餘波盪漾，為提出糾正的鐵則

如前頁所述，撰寫電子郵件時務必留意自己懷抱的熱誠有幾分，而這項技巧，不只用於有事相託之時，連糾正他人時也十分好用。

我的參考依據，同樣是賽博艾堅特藤田晉社長的電子郵件。

原則上藤田社長的電子郵件總是充滿熱誠，要是向他提出目標達成的報告，他必定回信：「很厲害唷！」

至於提出糾正的電子郵件，他的寫法也是「嗯——，這樣不對」，因此收件人不會感到有所氣餒。如果信中只寫出「不對」、「重新思考」等字眼，收件人恐怕會心靈受創，變得不敢輕舉妄動吧。**提出糾正，並非為了讓對方感到氣餒**。希望對方重新思考一次，然後提出更出色的構想或提案，才是真正的目的。

截至目前為止，我還遇過另一位糾正高手，那就是我在瑞可利工作時的主管。只要我一犯錯，這名主管總會在當下明確提出糾正。比如遲到的話，他會當場警告：「這是你本月份第二次遲到，不能再有下一次。」其他不再多說什麼。**由於他總在狀況發生的瞬間提出說明，力求解決**，因此不會餘波盪漾，而我也能轉換成小心不再犯錯的心態。

於是我決定效法他的做法，只要發現希望員工改善的地方，便當場立即告知。

有時難免發生令我心生不悅的事，不過員工又不是故意犯錯。如果是無心之過，我會和對方討論今後該怎麼做，以避免重蹈覆轍；要是對方的做法有誤，我便會說明希望對方後續怎麼做。

只是感情用事地亂發脾氣，無法解決任何問題。將希望對方改正的重點，以淺顯易懂的方式告知對方，如此一來，對方應能重新調整心態，迎向後續的工作。

避免餘波盪漾的糾正技巧

●藤田晉社長的例子」

以不讓對方氣餒的熱誠態度提出糾正。

●瑞可利主管的例子

只要有人犯錯，便在狀況發生的瞬間，明確提出糾正，力求解決。

不會餘波盪漾。

練習E——請試著寫出一篇假設有事拜託同事（或下屬）的請託文。

完成後請重新瀏覽一次，檢視表達的方式，是否容易讓對方「完整重現」？

會不會令人感覺含糊曖昧？

第
5
章

即使簡短，也要說明得精確無誤

41 為什麼說明變得越來越長？

對於始料未及的客訴心生恐懼

如前文所述，進行表達時，必須以讓人一聽就懂的順序架構內容，並且把要說的話咀嚼到淺顯易懂的程度，此外，有關驅動他人的方法，也已說明如前。

想必大家已經學到許多說明的技巧。不過，最後有個部分想請大家再檢視一次，那就是說明是否「過多或不足」。

坦白說，本書追求的目標是快速說明。然而，**要是說明不足，恐怕日後會引發客訴問題，而且得耗費許多時間才能解決。**

以前我到夏威夷旅遊時，曾發生過一段小插曲。或許不只去夏威夷如此，只要是便宜的旅行團，往往會被帶去當地的免稅店消費。旅行社把客人帶往免稅店，想必能藉此向免稅店收取手續費吧。去夏威夷的行程中，前往免稅店的機率相當高。

不過，當時我參加的旅行團沒去免稅店。結果，其中一名團員開始抱怨：「不去免稅店嗎？真傷腦筋。」這名女性似乎原本打算所有的伴手都在免稅店購買，因此不斷碎念：「不去免稅店的話，我很困擾。」

這種狀況非常具有象徵性，於是回國後，我把這團的行程說明表拿來確認一下。行程的細項說明中，並未註明「會去免稅店」，不過也沒註明「不去免稅店」。換句話說，就算實際行程沒去免稅店，也沒有違反旅遊契約。

本書第一百五十三頁曾說明過「基模偏差」，而上述狀況，正可謂**起因於基模偏差的誤解**。

像這樣發生始料未及的客訴時，為了讓以後不再出現「說明不足」、「陳述不全」的狀況，大部分的人都會說明得更仔細、更親切，並且花更多時間說明。

換句話說，**基於「搞不好日後會遭人吐槽」的擔憂，結果說明變得愈來愈長**。

基於此故，旅遊簡介中的餐飲照片，往往會逐一附註「圖片僅供參考」，此外旅行社在簽約之前，也會要求客人務必詳閱「重要事項說明書」，藉此防患未然。

然而，做這些動作，其實根本無濟於事。這類內容冗長的「重要事項說明書」，客人往往跳著看。此外，由於問題並未徹底解決，結果又會引發新的客訴。

這時的問題癥結，並非單純為說明過長或過短，**而是無法做出彌補「認知偏差」的說明**。

愈是「過長」、「過於詳細」的說明，愈容易被人略過不看

42 彌補「認知偏差」

預先防堵客訴和糾紛的重點為何？

過去曾有一位名廚因「發表不當言論」，而在網路上引發熱議。他在自家餐廳收取八百日圓的「水資」，遭到大眾批評，結果他PO文反嗆：「因為我供應的是優質好水啊，有些餐廳甚至收取一千或一千五百日圓呢！」最後這篇PO文掀起了軒然大波。

認為他的發言的確有問題的專家不在少數，某位餐飲同業甚至針對這間餐廳的「水」進行價值分析，然後發表評論：「這種品質的水，也有人只賣四百日圓，結果他竟然賣到八百日圓，難怪被大家嫌貴。」

然而，此次爭議的重點，並非「是否供應優質好水？」或「收取八百日圓水資是否恰當？」。

那麼引發爭議的原因究竟為何？

此外，**應該如何向顧客說明「水資八百日圓」，大家才會接受？**

針對這位名廚的餐廳，顧客向評價網站投訴：「我們明明沒有點水，店員卻逕自幫我們倒水，而且向我們收取水資八百日圓。」此位名廚的發言之所以引發爭議，癥結就在這裡。

在高檔餐廳用餐，或許「逕自為顧客倒水並收取水資」為理所當然之事。另有一些人的看法為這位名廚只是以提供倒水服務為前提，表達了個人意見：「有些餐廳甚至收取一千或一千五百日圓呢！」

然而，對於大部分的日本人而言，餐廳主動供應的水都是免費的。這間餐廳為顧客倒水時，肯定也被當成免費服務。就是因為餐廳收取水資，所以才引發客訴。

即使水資只收取一百日圓，甚至低於餐廳的進價，依然會遭到客訴。換句話說，價格並非問題的癥結所在。

或許有人反駁：「這好比居酒屋的小菜，我們明明沒點，但一樣乖乖付錢不是嗎？」

不過，針對這些小菜，客人本來就有「並非免費供應」的認知。就算店家沒有仔細說明，只要雙方的認知一致，便不會發生客訴。相對於此，由於「水」被認定為免費供應，因而產生認知偏差。

總而言之，**當自己與對方的概念有所出入，或是發生對方意想不到的狀況時，就會產生糾紛**。即使菜單中明確標示「礦泉水八百日圓」，仍會發生客訴；針對水的品質何等之高的說明，就算描述得再詳盡，也是無濟於事。

在這個案例中，預防爭議或客訴發生的關鍵做法應為倒水之前，先以口頭向顧客充分說明，例如沒點水就不供應水、要水喝就得收取水資八百日圓等。

當顧客得知必須支付水資時，或許會心生不滿，但至少後續不會演變成嚥不下這口氣的狀況。

43 如何避免說明過多或不足

預先消除認知偏差

假設針對某項商品，已完整說明如下：

「這項商品具有功能A、功能B、功能C。」

換句話說，這就是「正確的」說明。

不過，要是對方主觀認定「還有功能D吧」，肯定不禁埋怨：「說明不足！」

這時就算詢問對方：「所有功能已說明如上，還有問題嗎？」也沒有太大的用處，畢竟誠如剛才所言，對方已主觀認定：「還有功能D吧。」

有時運氣還不錯，對方只問一聲：「沒有功能D的說明嗎？」然而，這個可能性相當低。由此可見，能否防堵糾紛，還得「看對象是誰」。

為了避免說明不足，必要的動作就是預先推敲對方主觀認定的內容，然後斬釘截鐵地否定對方：「或許您有這樣的想法，但事實並非如此，請留意。」

換句話說，除了說明：「具有功能A～C。」還得進一步告訴對方：「沒有功能D。」

「這項商品未附電池。」

「午間套餐沒有附贈咖啡。」

「這種保險並非終生保障型，合約效期只有一年，每年得支付續約手續費。」

如上所述，必須否定對方的主觀認定，明確告知：「或許您有這樣的想法，但事實並非如此！」

所謂說明不足，未必只是表達者個人的態度或心態有所問題。如同前文所述，就是因為對方的「主觀認定」和「實際」有所偏差，所以才會發生問題。

大家不妨把這些偏差逐條列出，然後告知對方：「事情並非如您所想，請留意。」單憑這個動作，就能大幅減少因說明不足引發的糾紛。

不過，有個狀況務必注意。說得極端一些，就是最後將變成必須否定所有一切。例如：

「這份午間套餐未附贈咖啡、玩具、電話卡、隨身面紙包……」

要是像這樣一個接著一個地不斷附註，結果將變成「沒完沒了的說明」。

其實無須做到這種地步。如果**有特定的說明對象或顧客，只要針對他們可能因誤解產生的主觀認定，加以否定就行了**。

大家不妨以說明自家商品為例，嘗試思考看看，可能會出現哪些「認知偏差」呢？

本書曾數度提及的**「換位思考」，這時也能嘗試看看**。

如果是這名對象，可能抱持這樣的想法，或是有這樣的聯想……可以像這樣觀察對方，揣測對方的思考模式和感受，然後做出判斷。

除此之外，客訴當中也經常潛藏重大的暗示。**畢竟客訴＝「長久以來的誤解」，將客訴案例製作成表，並與公司內部同仁分享，也是效果不錯的做法**。

另一個建議做法，**就是上網輸入「個人從事業種或商品名稱　誤解」，然後展開搜尋**。例如輸入「車險　誤解」、「夏威夷旅遊　誤解」等關鍵字搜尋看看。或許會列出一般大眾的部落格等，不過從中定能發現：「原來一般大眾的看法是這樣啊！」透過這種方式，將得以認清一般大眾和業界人士的認知偏差，請大家務必嘗試看看。

無論是說明不足或是說明太多，都屬於說明不盡理想的狀態。你的說明是否讓眼前的對象一聽就懂，才是最重要的事。

要消除說明的認知偏差，對策不只一個

●客訴案例的表單化

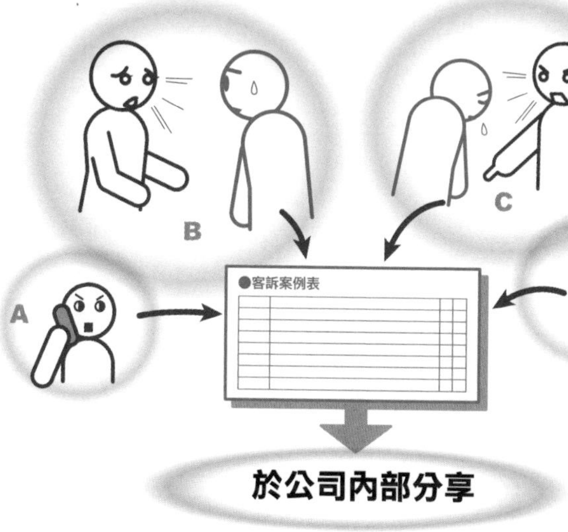

●以「個人從事業種或商品名稱　誤解」上網搜尋

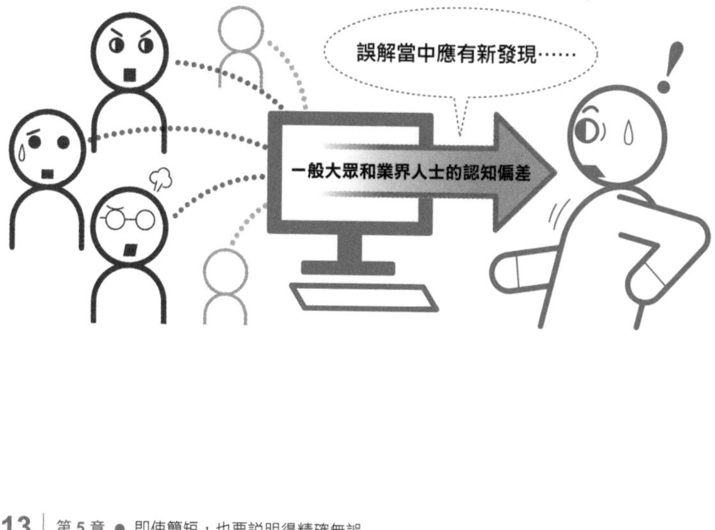

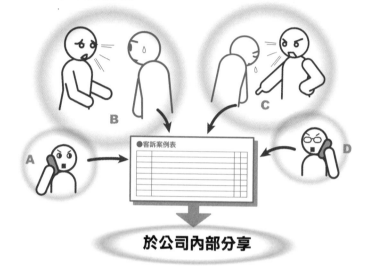

44 電子郵件只寫一行也無妨

只要掌握事由，即使簡短，對方也能一看就懂

一般而言，說明常常寫成長篇大論的就是電子郵件。

以我個人為例，**為了減少電子郵件的篇幅，我總是刻意採用條列式寫法。此外，針對事由以外的多餘內容，我則是小心迴避不提。**

第四章曾提到的**賽博艾堅特藤田晉社長，也是個電子郵件只寫一行的人。**

他不僅沒寫出收件者的名諱，甚至連自己的署名都沒寫。他的電子郵件，通常只寫著「依此辦理」、「如擬」等。

儘管如此，由於「內容為何」（主題）和「該怎麼做」（結論）十分明確，因此完

全沒有問題。

耗費心神撰寫問候文的人時有所見，然而就基本而言，我認為此舉實屬多餘。針對素未謀面的對象，或是必須表達敬意的狀況，有時的確需要因時、因地、因場合，寫出合乎禮儀的文章。不過，如果是經常聯繫的對象或是公司同仁，季節的問候語則應該可以省略。

其實連「承蒙關照」之類的語句，我也不常使用。畢竟明明鮮少掛在嘴邊的話，卻要刻意寫在信上，我覺得這也太不可思議了。

同樣的道理，由於我從不口頭尊稱對方「樣」（sama，日文中先生／小姐的尊稱），因此收件人部分多半寫成「san」（先生／小姐）。不過，有時就自己和對方的關係來說，如果只以「san」相稱，感覺極不恰當，這時我便會使用平假名，寫為「sama」。

與其耗費心思於形式性的問候，設法簡單扼要地表述重點，避免占用對方時間，我認為反而更加重要。

以前經常看到主旨為「您好」的電子郵件。

現今，如果收到這種主旨的電子郵件，你的感覺如何？如果寄件人是陌生人，你會認為這可能是騷擾郵件吧。就算是熟人的來信，訴求不明的郵件不僅令人困擾，日後搜尋郵件時，也相當不方便。

如果是閒話家常的電子郵件，這樣的主旨當然無傷大雅。不過，凡是與工作相關的電子郵件，務必讓人一看到主旨，便知道內容為何，如此才稱得上是體貼。萬一日後打算「重新瀏覽主旨為○○的郵件」，將比較容易搜尋。

如第八十五頁所述，務必一開頭先說主題，而電子郵件的開頭，正是主旨的部分。

我寄給員工的電子郵件，一律讓大家一**看主旨就明白整體內容為何**。

打個比方來說，只要把主旨擬為「請取消明天下午三點的會議」，就算信中內容只寫一句「麻煩您了」，對方也能一看就懂。

作者和編輯針對安排採訪的電子郵件往返範例

〈初次會面後，作者寄出的第一封郵件〉

> 山西先生
>
> 承蒙關照。
> 今天非常感謝您。
>
> 關於採訪時間，如果安排二十一日（六）的下午，
> 不知您意下如何？
> 至於地點，最好能約在涉谷車站附近。
>
> 煩請確認！
>
> 木暮太一

即使是頭一次見面後的第一封電子郵件，也要毫不畏縮地稱對方為「先生／小姐」，如此較能拉近彼此距離。

畢竟是頭一次通信，因此還是寫出「承蒙關照」。

（編輯來信詢問幾點開始進行採訪）

〈第二封郵件〉

> 感謝來信！
>
> 那就和您約在涉谷車站附近，
> 從下午一點半開始進行採訪。
> 大約到五點半以前都沒問題。
>
> 謹回覆如上。
>
> 木暮太一

第二封郵件直接省略對方稱謂。另外句尾加上「！」，展現平易近人的感覺。

刻意不用「請多多關照」。

（編輯來信詢問採訪地點的挑選）

〈第三封郵件〉

> 我對那一帶不熟，
> 請安排您平常進行採訪的地點～^^
>
> 木暮

第三封信只有兩行。加上表情符號，並且讓內容十分簡短，如此一來，不僅能減少多餘文字，還能節省時間。

下方署名只寫「木暮」。有時連署名都沒有。

45 未必寫得十分詳盡，對方就能理解

電子郵件嚴禁既「含糊」又「冗長」

接下來為各位出個練習題。

某人十分煩惱於「我覺得自己說明得極為詳盡，沒想到竟然沒收到對方的回信」，下一頁就是他寄出的電子郵件。看起來，郵件的內容明明為十萬火急的案件，收件者卻遲遲未回信；明明告知好幾件事，收件者卻只回答其中幾件。大家知道原因何在嗎？

這封郵件的內容，並非遣詞用字有誤，也不是艱深難懂。最大的問題是訴求含糊，而且過於冗長。

搞不清楚「對方究竟所求為何」的電子郵件範例

寄件人：×× 株式會社　會計部　加藤先生

收件匣　撰寫郵件　電子信箱地址

主旨：我是會計部的加藤

收件人：營業部　森田先生

回覆　轉寄　刪除

2016/00/00 xx：xx

營業部　森田先生

辛苦了。
我是會計部的加藤。

有關您日前提出的五月份交通費請款明細表，
由於仍欠缺部分單據，特此通知如下：
5 月 15 日　外出洽公的計程車資
5 月 23 日　由羽田機場搭乘的接駁巴士車資
以上項目的收據尚未提出。
由於請款期限已過，煩請附上掃描檔案，盡速回信。

〈訴求一〉盡快提出收據。

此外，有關 5 月 24 日與木暮物產會談時的餐飲費，
之前已通知各單位，自本期起，凡餐飲費有超過 5 千日圓之虞，
都得事先以交際費名義提出申請，並取得核准。
然而，您並未提出相關申請表單。
本次特例通融您事後提出申請，請向營業部長報告原委，
並提出交際費的申請。

〈訴求二〉事後申請交際費。

此外，雖然您已提出餐飲費收據的掃描檔案，
不過申請交際費時，必須另附請款明細表，
因此請重新提出收據掃描檔案。

〈訴求三〉再次提出以交際費名義申請的收據。

您自上期期末就連續出差，想必十分忙碌，
不過今後進行請款時，還是請您多加留意，切勿再次出錯。

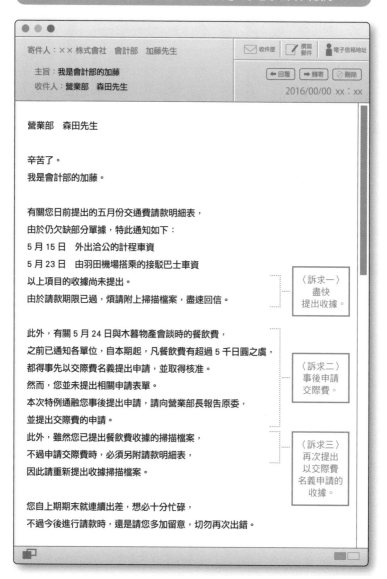

頭一個問題是主旨擬為「我是會計部的加藤」，如果只寫這幾個字，恐怕難以讓對方理解重要性和急迫性，搞不好最後還慘遭擱置。

如果我是這名寄件人，我會把主旨寫成「請回覆」或「請於三月十五日前回覆」。

此外，可能還有一些人雖然會瀏覽電子郵件，但卻因為內容過於冗長，只是大略瞧瞧。在如此繁忙的時代，閱覽沒完沒了的文章往往令人倍感壓力，因此難免發生部分郵件已讀不回的情形。

針對平時處事便十分粗心大意，回信極不確實的「慣犯」，更得把郵件內容整理得簡短扼要、清楚明確。

前頁列舉的郵件範例，共有三個訴求。既然如此，**不妨分成三次寄出，主旨則擬為「【請回覆】訴求一」、「【請回覆】訴求二」等**。舉凡問候語、沒完沒了的說明，一概不需要。換句話說，只要寫成「〇〇先生，訴求事項有三，一是～」，第二封信則寫成「二是～」，如此簡單一句便已足夠。

針對自己寄出的郵件，對方細讀的程度未必如自己想像一般。不妨以使用即時通訊軟體「Messenger」、「LINE」的感覺，清楚明確、一針見血地進行表達。

冗長的電子郵件不妨分成數封，並於主旨欄中明確寫下訴求

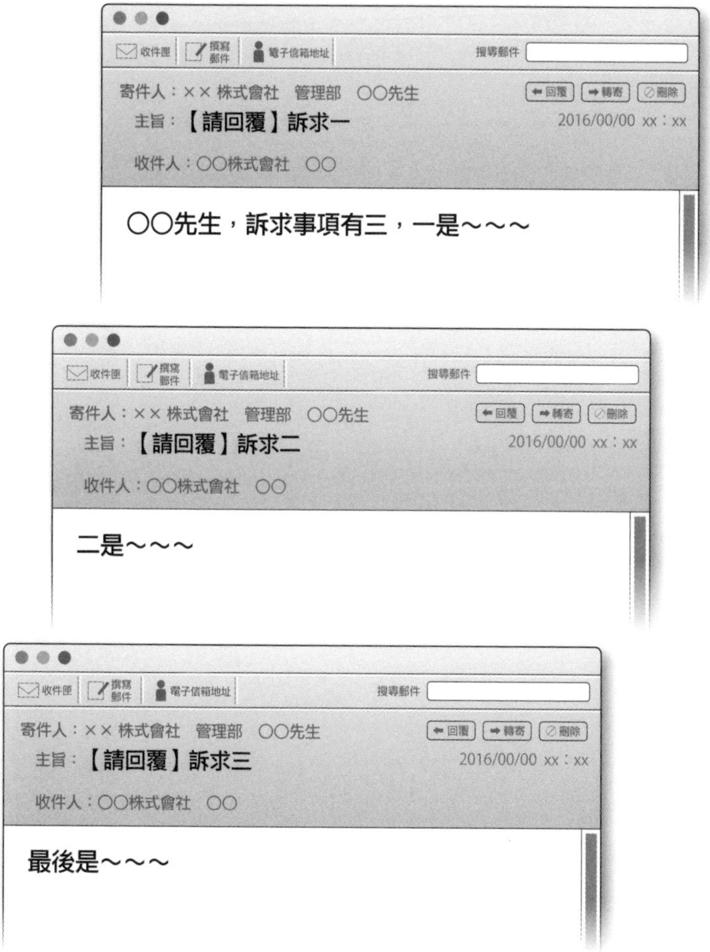

練習F——重新瀏覽練習D及練習E所寫的文章。

請考慮說明對象，檢視是否存在不需要的說明或是說明不足。

結語

與其磨練察言觀色的能力，不如磨練說明力

針對孩子應該具備什麼樣的溝通能力，各國似乎不盡相同。說得淺顯易懂一些，如果以美日兩國相比，日本好像比較傾向把小孩培養成能夠理解對方感受、願意聆聽對方所言。

反之，美國比較傾向把小孩培養成能夠明確表達自我需求、勇敢說出個人意見。

換句話說，**日本希望提升孩子接收資訊的能力，美國則希望提升孩子傳達資訊的能力**。這完全是社會氛圍醞釀而成的「期許」，無法論定孰是孰非。然而，隨著社會漸趨多樣化，相較於「聆聽他人所言」（接收資訊），「表達個人意見」（傳達資訊）將變得更為重要。

當資訊無法傳達時，針對責任歸屬的看法，往往因社會、組織或是個人而異。不過，大致上來說，可以區分為「歸咎於聆聽者無法理解」的「資訊接收者責任」，以及「歸咎於表達者無法傳達」的「資訊傳達者責任」。

日本長年著重於「資訊接收者責任」。在校學習無法理解課業的內容，全都怪在學生頭上，對吧？至於公司內部，也同樣以歸咎於資訊接收者的情形居多，連我自己都曾親身經歷過。

資訊的接收者，當然並非毫無責任。畢竟一旦聆聽的心態或專注力有所問題，就算說明得再淺顯易懂，也無法充分理解。然而，唯有雙方具有默契・共識，才能像這樣一致聲稱「因為聽眾沒有仔細確認，所以都是聽眾的錯」。

今後的時代，得和文化、語言、觀念、喜好截然不同的人才互通往來才行。

如前所述，美國比較傾向把小孩培養成能夠勇敢說出個人意見，像美國這樣人種多元的社會，相較於「資訊接收者責任」，勢必得更加重視「資訊傳達者責任」。

努力設法理解對方所言為相當重要的事。溝通相關的研修活動也將「聆聽的心態」（傾聽力）視為極重要的課程。

不過，光靠聆聽無法溝通想法。換句話說，單就資訊接收能力（傾聽力、提問力、理解力、為求理解的前提認知・狀況掌握）加以訓練，未必就能培養出在社會求生存的能力。

光靠資訊接收能力，就能姑且應付的狀況，唯有只需獨力處理被交付的課題之時。例如準備應考就是最好的例子。

容我再次強調，資訊接收能力的確十分重要。

不過，為了重視資訊接收能力，結果卻輕忽資訊傳達能力的情形，似乎時有所見。與其說是「輕忽」，我認為有相當多的人，無法說出自己想說的事，或是無法精確表達自己的訴求。

雖然學校教育在各方面都不斷變化，但就現狀而言，幾乎沒有培養資訊傳達能力的課程。

當學生就此進入社會，在變化快速的商務場合中，他們到底能不能處理問題？有沒有辦法一邊和各種人士溝通，一邊執行業務？

要是無法將自身的想法，以自己的說法向他人表達，將被他人遠拋在後。

正因為我感受到這樣的危機，所以提筆撰寫本書。

希望閱讀本書的各位，都能培養出精確的說明力，在社會中變得更加活躍。

ideaman 112

一聽就懂的重點表達術——不只秒懂，還能讓人自發行動的說明力

原著書名——大事なことを一瞬で説明できる本
原出版社——株式会社かんき出版
作者——木暮太一
譯者——簡琪婷
企劃選書——劉枚瑛
責任編輯——劉枚瑛
版權——黃淑敏、翁靜如、邱珮芸
行銷業務——莊英傑、黃崇華、李麗渟
總編輯——何宜珍
總經理——彭之琬
事業群總經理——黃淑貞
發行人——何飛鵬
法律顧問——元禾法律事務所 王子文律師

出版——商周出版
台北市104中山區民生東路二段141號9樓
電話：(02) 2500-7008　傳真：(02) 2500-7759
E-mail：bwp.service@cite.com.tw
Blog：http://bwp25007008.pixnet.net./blog
發行——英屬蓋曼群島商家庭傳媒股份有限公司城邦分公司
台北市104中山區民生東路二段141號2樓
書虫客服專線：(02)2500-7718、(02) 2500-7719
服務時間：週一至週五上午09:30-12:00；下午13:30-17:00
24小時傳真專線：(02) 2500-1990；(02) 2500-1991
劃撥帳號：19863813　戶名：書虫股份有限公司
讀者服務信箱：service@readingclub.com.tw
城邦讀書花園：www.cite.com.tw
香港發行所——城邦(香港)出版集團有限公司
香港灣仔駱克道193號超商業中心1樓
電話：(852) 25086231傳真：(852) 25789337
E-mailL：hkcite@biznetvigator.com
馬新發行所——城邦(馬新)出版集團【Cité (M) Sdn. Bhd】
41, Jalan Radin Anum, Bandar Baru Sri Petaling,
57000 Kuala Lumpur, Malaysia.
電話：(603)90578822　傳真：(603)90576622
E-mail：cite@cite.com.my

美術設計——copy
印刷——卡樂彩色製版印刷有限公司
經 銷 商——聯合發行股份有限公司 電話：(02)2917-8022　傳真：(02)2911-0053

2019年（民108）8月1日初版
2022年（民111）3月9日初版3刷
定價 350元　Printed in Taiwan　　城邦讀書花園 www.cite.com.tw
ISBN 978-986-477-686-3

國家圖書館出版品預行編目(CIP)資料

一聽就懂的重點表達術：不只秒懂，還能讓人自發行動的說明力
木暮太一著；簡琪婷譯.　-- 初版. -- 臺北市：商周出版：家庭傳媒城邦分公司發行,
民108.08　232面；14.8×21公分. -- (ideaman；112)
譯自：大事なことを一瞬で説明できる本　ISBN 978-986-477-686-3(平裝)
1. 說話藝術　192.32　108009659

Idea man

Idea man

Idea man